zufälle
ICH & DU

camp verlag art & poetry

Impressum

1. Auflage 2005

ISBN 393930200-7

© Copyright 2005 by camp verlag art & poetry
73760 Ostfildern
Herausgeber Ulrich Blankenhorn
Paradies 10, 74535 Mainhardt

Layout	Elena Brier Negenborn Kommunikation 73760 Ostfildern
Passion Logo	Robert Cmarik, Wernau
Porträt Lude Döring Foto Uli Blankenhorn	Deniz Saylan Bernd Hanselmann
Papier	BVS matt 150 g/m² Ein Produkt der Papierfabrik Scheufelen, 73252 Lenningen
Gesamtherstellung	Dr. Cantz'sche Druckerei GmbH 73760 Ostfildern

Printed in Germany

art & stories

ICH & DU

Lude Döring & Ulrich Blankenhorn

Zu den Bildern

In diesem Buch finden Sie über
80 Skizzen, Zeichnungen und Bilder
von Lude Döring; sie sind in einem
Zeitraum von 45 Jahren – zwischen
1960 und 2005 – entstanden.

Eine Auflistung aller Bilder finden
Sie auf Seite 142.

Inhalt

In poetry you can
leave out everything
but the truth

Deborah Keenan

Für
Nena
und meine Engel

Grußwort von Matthias Kleinert

Allen voran steht Passion. Ob das im Beruf war oder jetzt beim Schreiben ist, Leidenschaft und Begeisterung gehören beim geborenen Journalisten Ulrich Blankenhorn einfach dazu. Passion stand schon über den ersten beiden Büchern, die vorzustellen ich das Vergnügen hatte. Jetzt also das dritte Buch; nach Zärtlichkeit und Zauberland nun Zufälle. Wieder leidenschaftlich gesammelt und geschrieben.

Und dann dazu der Maler! In dessen Schubfächern sich Zeichnungen und Skizzen gefunden haben, wie geschaffen als Illustrationen zum Buch. Er hat sie gerne dazu gestiftet.

Mir ist der Name Lude Döring zum ersten Mal begegnet, während ich Staatssekretär bei Lothar Späth war. Späth, ein intensiver Kunstsammler, sagte mir damals, den Namen Lude Döring müsse ich mir merken. Mir hat er keinen Eindruck gemacht. Erst später dann, im Laufe der Zeit, ist er schließlich hängen geblieben, weil er bei Lothar Späth immer wieder auftauchte. Und eines Tages begegneten wir uns. Das war bei einem Tennisturnier, wo Döring in wenigen Strichen eine Tennisspielerin skizzierte. Die kurvenreiche Darstellung hat mich so fasziniert, dass ich gedacht habe, der muss was können.

Später habe ich dann Lude Döring als Person, als Mensch kennen gelernt, und bald festgestellt, dass Typen wie er selten sind. Humor hat er gehabt und eine Warmherzigkeit. So jedenfalls war mein Gefühl, dass er ein Mensch ist, der keinem weh tun kann, der im anderen immer Gutes sieht, und dessen freundliche Ausstrahlung so gewinnend war, dass man sich auf die nächste Begegnung mit ihm immer gefreut hat.

So ist mir Lude Döring zu einem Begriff geworden, und im Laufe der Jahre sind wir einander sehr oft – zufällig oder geplant – begegnet. Wir haben diskutiert, über das Leben, den Tod, wozu man auf der Erde ist, dass man seine Pflicht erfüllen, Menschen respektieren müsse.

Solche Gespräche hatten wir gern, aber Lude war auch lustig und weil ich auch ein lustiger Typ bin, der zwar seine Aufgaben sehr erst nimmt, aber sich selber nicht so wichtig, wissend halt, dass die Welt sich weiter dreht, wenn man selbst nicht mehr da ist, haben wir uns immer verstanden und manchen Unsinn miteinander gemacht.

So zum Beispiel beim inzwischen zur Tradition gewordenen "Fiesta Italiana" in Stuttgart, wo er als Künstler stets dabei ist, und ich seit zehn Jahren Schirmherr bin. Wenn die Musik Italiens erklingt, dann tanzen wir zwei halt und wir lassen uns von niemandem stören, egal wie die Gäste gucken.

Ein anderer Anlass zu Begegnungen ist der Club "Sandsturm Kairo", dem Lude Döring vor vielen Jahren beigetreten ist, auf meine Bitte hin. Der Sandsturm ist ein Club, der Menschen aller Schichten zusammenbringt und der neben seinem karitativen und sozialen Engagement auch Wissen von anderen Ländern und Leuten verbreiten will. Es gibt deshalb viele Reisen ins Ausland. Aber Spaß und Fröhlichkeit kommen nicht zu kurz.

Auch da ist Lude Döring also dabei. Alles Ernsthafte macht er gerne mit, aber auch jeden Blödsinn. Einmal war er mit in Ägypten. Da hatten wir auf einem Nil-Schiff einen Empfang und eine Bauchtänzerin trat auf. Wir beide, der Lude und ich, sind um diese Tänzerin herumgetänzelt und waren glücklich. Lebensfreude pur ist das gewesen.

Und die strahlt Lude Döring aus. Für mich ist er voller Menschlichkeit, Substanz, Nachdenklichkeit – auch Bescheidenheit. Er kann begeistern und mitreißen, lebt aber zuletzt allein für die Kunst. Ich bin stolz, dass er mich in sein Umfeld lässt und ich ihn, umgekehrt, in meinem Freundeskreis habe. Zu dem ja auch der Schreiber gehört, Uli Blankenhorn, der Ereignisse schafft, die Menschen vereinen – Sie, uns alle um dieses Buch, mit dem und an dem ich Ihnen viel Vergnügen wünsche und Freude.

Adam Lude Döring zum 80.Geburtstag

"Malerei ist Liebe,
und was ich liebe, wird am besten"

Das Bild bildender Künstler wird oft bestimmt durch
eine überzogen analytische Intellektualität ihrer Deuter,
deren Assoziationen den wirklichen Zugang zum Werk
erschweren, gar unmöglich machen. Dabei ist es doch
so einfach: Bilder wollen gesehen, Musik will gehört,
Skulptur gefühlt und Farbe geschmeckt werden.
Die Gefahr von Missverständnissen wird geringer,
wenn man sich auf diese ursprüngliche Sensorik verlässt. Gerade bei Künstlern wie Adam Lude Döring ist
es angebracht, sich nicht in seinen Linien und Sprech-
mustern zu verheddern. Das einzig Verlässliche ist das
fertige Bild, das sich hoffentlich rechtzeitig seinem
erneuten Zugriff entzogen hat. Es ist verlässlich, weil
sichtbar und begreifbar, weil vergleichbar. Hier
beginnt der spekulative Raum, hier wird Sprache zur
Verschleierung und Deutung zur Selbstanalyse.

Also ein anderer Zugang.

Adam Lude Döring wird achtzig Jahre, das muss man
sich schon halblaut vorsprechen, damit man es glaubt.
Wenn man eine große Wegstrecke dieses Künstlers
mitgehen durfte, sind Ermüdungserscheinungen oder
Gewohnheiten selten aufgekommen, eher ist ein an-
dauerndes Umkreisen des geliebten Objektes seiner
Bilderlust zu beobachten: MENSCHEN sind das Thema.

Ist es der Tanz seiner Figuren, der fasziniert oder ist es
diese so unverwechselbare Spielart kubistisch-geome-
trischer Bildfindungen in den schwierigen Hundertfel-
dern oder doch wieder eher die geniale Linie, die sich
unter seinen Fingern verselbständigt und ein Eigenleben
auf dem Papier führt?

Alles gemeinsam und doch jedes für sich. Es ist das
Selbstverständliche, bildnerisch Logische (was nichts
mit anatomischer Logik zu tun hat) und eine paradiesi-
sche Unbefangenheit, die solche im Wortsinn harmo-
nisch schöne Figurationen evoziert. "Ich möchte etwas
Einfaches machen, Stabiles, einen Menschen, der ein-
fach dasteht, und mache doch dauernd Profile, Tänzer,
Artisten", sagt er selbst. Damit drückt er unbewusst
seine Künstlerhaltung aus, die man sonst selten erfährt.
Der Weg zur Einfachheit ist gleichzeitig der Weg zum
Absoluten, zur letzten Qualität, zur Aufhebung aller
Spannungen und gleichzeitig die Spannung selbst.

Nicht immer gelingen ihm solche lapidaren Bünde-
lungen, sein virtuoses Zeichentalent hat auch einen
barocken Nachsatz. Oft aber begeistern uns die nie
gesehenen Überdehnungen von Gliedmaßen, Model-
lierungen von Gesichtern und phantasievolle, fremde
Drapierungen.

Der Autodidakt Döring, der in einem Alter auszustellen
begann, als andere Maler meinten, das Malerleben sei
gelebt, begann mit einer geradezu frechen Antwort
auf die POP-Art in seinen Fingerbildern eine eigene
Sprache zu finden. Und in diesen frühen Fingerbildern,
die virtuos zwischen Pianistenhänden, Tintenfischten-
takeln und Taschenspielerspinnenfingern hin- und her
sprangen, wird eine Formel gefunden, die dialektisch
Dörings Werk bis heute prägt: das Pars-pro-toto;
das Teil, das für das Ganze steht, wird sein Spielfeld.

Ein Tennisspieler ist kein Tennisspieler sondern der
homo ludens an sich; das Mädchenprofil ist nicht
erkennbar sondern typisch, die Tänzer können von
Cranko oder aus dem Busch entlehnt sein. Döring führt
uns geradezu vor Augen, was Malerei kann. Nämlich
herausführen aus einer buchhalterischen Bestimmtheit
in die Offenheit einer möglicherweise spekulativen,
ganz sicher aber freien Sicht auf die menschliche
Komödie.

Wem das zu weit hergeholt erscheint, mag sich mit
der einfacheren Deutung zufrieden geben, die als Zitat
über diesem Text steht und die vom Künstler selbst ist.
Er ist kein intellektueller Künstler, so intelligent er auch ist.
Er ist als Künstler Emotion, das spürt man. Sein "gefühl-
tes" Alter ist auch deshalb kaum kongruent mit dem
tatsächlichen.

Für uns ist jedoch die Erkenntnis nicht unwichtig, mit
Dörings Bilderwelt gealtert zu sein und dabei durch
vermehrte Einsichten und Empfindungen beim Betrach-
ten seiner Werke den Widerschein des Paradieses,
der in glücklichen Momenten vom Künstler gebannt
wurde, präsent und alterungsbeständig
zu spüren.

Rudolf Bayer

Hoppla

Sie saß auf dem Schreibtisch.

Ihr buntes Sommerkleidchen, nicht viel größer
als ein T-Shirt, hörte dort auf, wo der Spaß anfängt.
Ihre schlanken Beine waren braun gebrannt.
Sie kam gerade aus dem Urlaub zurück und war nur
auf ein "Hallo" ins Büro gekommen.

Es war mein letzter Tag dort. Ich musste einen
anderen Job in einer anderen Stadt übernehmen.
Von der Redaktion und den Schreibmädchen
hatte ich mich schon verabschiedet.

Ich ging zu ihr, schaute sie an und fuhr mit dem
Zeigefinger auf ihrem nackten Bein spazieren,
den langen kurzen Weg vom Ende ihres Kleides
bis zum Knie. Ich berührte sie kaum,
wie wenn du am Strand ein Herz in den Sand malst.

Sie sagte "Hoppla". Sonst nichts.
Sie hatte verstanden.
Du brauchst keine Romane erzählen,
wenn du einem Mädchen sagen willst,
dass du sie haben möchtest.

Und ich wollte sie haben.

Es war der Beginn einer großen Liebe,
die uns zwei Sommer lang verband.
Dann gingen wir wieder unsere eigenen Wege.
Jeder hatte schon sein Zuhause.
Ein Ausbrechen war nicht geplant.

Die Zeit hat trotzdem ihre Spuren hinterlassen.
Es war der Beginn einer anderen Leidenschaft:
Ich hatte begonnen zu schreiben.
Und sie hob das,
was wir erlebten und ich beschrieb, ins Blatt.
Auf ihre Literaturseite .

So entstanden meine ersten poems.
Voll aus dem Leben.

Und so wird es bleiben.

Gardez, Mischtechnik

Hoppla, 2001, Mischtechnik

ICH &

Aller Anfang

Der Versuch einer Standortbeschreibung.
Oder der unheimlich steinige Weg
in die Nähe Deiner Gedanken.

Irgendwie hatten wir uns geeinigt,
getroffen und auf dem Weg ins Hotel
haben wir uns sogar an der Hand gehalten.

Ich sag jetzt nicht "Händchen halten",
weil ich genau weiß,
wie das bei Dir ankommen würde
und dass das doch
schon gar nicht in Deinen Kram passt.
Denn Du gibst Deine Aufmerksamkeit
nur in Nuancen frei,
und von Geheimnissen
mag ich schon gar nicht reden –
ich denke, da bin ich noch meilenweit entfernt,
wenn ich jemals in diese Nähe kommen sollte.

Aber dass wir doch schon
so weit gekommen sind nach all den Jahren,
das ist auch bemerkenswert.
Denn manchmal waren es ja nur Telefonate
zu unmöglichen Zeiten,
in denen ich herauszuhören glaubte,
dass Du jemand suchtest zum Reden.
Und manchmal war es ich und oft ein anderer,
die Du gefunden hast.
Mal so und mal so, mal heiß und mal kalt.

Und so haben wir angefangen
uns zu finden, wiewohl ich nicht weiß,
ob Du je einen Versuch gemacht hast,
mich zu suchen.

We will see...

Anfang, 1983, Mischtechnik

DU - 1

Keine Katze

Wer lässt sich schon gerne in die Karten schauen?
Interessant ist doch nur,
wer nicht alle seine Geheimnisse offenbart.

Und was heißt das schon,
heute so und morgen so,
gerade noch heiß, jetzt schon wieder kalt?
Mag sein, dass es Frauen gibt,
die gleichmäßig temperiert sind.
Ich bin es nicht.

Vielleicht, weil ich mich manchmal selbst nicht kenne;
meine Persönlichkeit auslote bis zum Letzten.
Und dabei in Kauf nehme,
auch mal jemanden zu verletzen.

Keine Katze schnurrt den ganzen Tag,
ab und zu benutzt sie ihre Krallen.
Und um dieses effektiv zu tun, muss sie üben.
So ist also vieles Übung. Und manches Ernst.
Was was ist, musst Du selbst herausfinden.

Das Spiel der Kräfte zwischen Mann und Frau
ist so alt wie die Welt.
Denn es bedeutet Macht.
Und undurchsichtig zu sein, Geheimnisse zu haben,
rumzicken, necken, fauchen, anschmiegen
und wieder weglaufen – damit lockt frau
die Herren der Schöpfung immer
(und manchmal auch ins Verderben).

Dieses Spiel der Kräfte
bringt die Diamanten und Pelzmäntel.
Vielleicht auch "nur" das goldene Armkettchen
oder die neue Handtasche.
Ein paar Tränen zur rechten Zeit wirken Wunder.
Und warum sollten nicht gerade
wir Emanzipierten auf diese Tricks zurückgreifen?
Durch ein paar kleine Zickigkeiten
schaffen wir uns einen Freiraum.
Denn ist der andere verletzt, zieht er sich zurück.
Und wir können zwischendurch mal wieder
wir selber sein.

Und immer lockt…, Tusche

Spiel der Kräfte, Mischtechnik

ICH &

Ohne Netz

Verdammt, wann krieg ich Dich?
Oder ist es eine Frage des Wie?
Dann wäre das ja in Zeitläufen
gar nicht mehr zu fassen –
so unfassbar flüchtig bist Du.

Du entziehst Dich,
kaum hast Du mir ein liebes Wort gesagt
oder als hastige mail
zwischen den Zeilen geschrieben -
schon komm ich mir vor wie ein Pennäler,
der auf jede Nuance Deiner Stimme achtet
und jedes Komma hinterfragt.

Machmal nimmst Du mich
durch den Ton Deiner Stimme vertrauensvoll mit,
dass ich schon glaube, wir hätten ein Geheimnis,
so sanft klingst Du.
Und dann schneidet wieder ein Messer
durch die Töne und ich erschrecke
ob der Kälte in Deinen Worten.

Dann schickst Du mir sogar ein OK zurück
für meinen, Deinen Kosenamen
und ich denke, das kann doch alles nicht wahr sein.

Um im nächsten Moment
feststellen zu müssen,
dass ich wieder um Längen zurückgefallen
und nahezu verloren bin im Gewirr Deiner Launen.

OK,
ganz so schlimm ist es auch wieder nicht.
Aber das freie Spiel der Kräfte,
wer denn wem die Gunst schenkt
und entzieht und warum,
das auszuloten ist ein Reiz
und ein Abenteuer zugleich,
das mich fesselt, solange ich glaube,
es ist über das Spiel hinaus
ein reizvolles Duell der Gedanken
ohne Netz und doppeltem Boden.

Wenn wir mal die Gefühle
noch außen vor ließen.

Geheimnis,1981, Mischtechnik

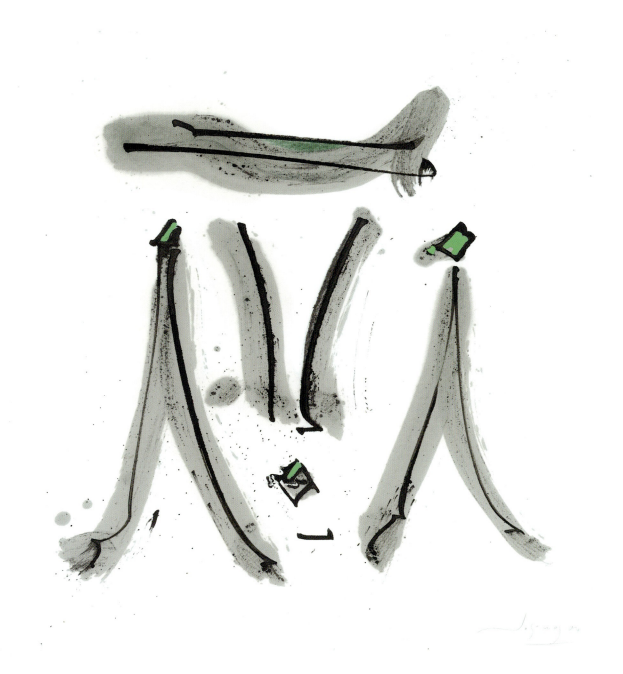

Laune, 2004, Mischtechnik

DU - 2

Spiel mit dem Feuer

Wie, verdammt, wann kriegst Du mich?
Das ist weder eine Frage des Wie
noch des Wann!
Frag doch mal,
ob mich schon einer gehabt hat.
Denn ich gehör' nur mir.

Wenn ich ab und zu ein Stückchen davon
freigebe, bitteschön.
Aber doch nur,
wann und wie es mir in den Kram passt!
Du wirst es nicht erleben,
dass ich permanent
in der selben Stimmung bin.

Weißt Du nicht – ich bin Zwilling!
Unberechenbar, unfassbar, launisch, unstet.
Und ich bin stolz darauf.
Ich habe das in langen Jahren trainiert.
Darin liegt mein Charme, Du Träumer.
Und meine Stimme ist mein Werkzeug.
Soll ich Kritik säuseln
und Vertrauliches schreien?
Neben allem anderen
bin ich ein hoffnungsloser Pragmatiker.

Nähe, Ferne – wozu bin ich fähig?
Ich will Nähe, wenn ich es will,
halte auf Distanz,
wann und wen ich will.

Du merkst: ICH bin mir sehr wichtig.
Denn nur in mir selbst
ist die Kraft für die Launen der Welt.

Und eine Laune sind Gefühle allemal.
Sie setzen kurzzeitig Kräfte frei,
und schwächen ebenso oft.
Nimm die Kraft, überspiel' die Schwäche.
Und sehe Freundschaft als Freundschaft.
Dann kommt auch
ein Geben und Nehmen zu Stande.
Das ist das Spiel,
ab und zu mit dem Feuer,
aber niemals ernst.
Das ist mir nicht gegeben!

Distanz, 1981, Mischtechnik

18

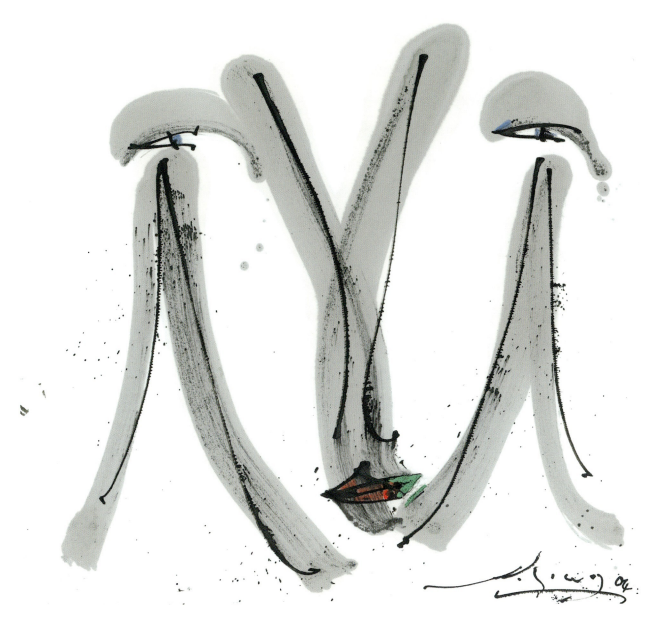

Zwilling, 2004, Mischtechnik

ICH &

Salz in der Suppe

Das lass ich nicht gelten, dass Du sagst,
Du hättest jahrelang geübt
und alles sei Mache und Taktik
und Du gehörst nur Dir.
Und Gefühle seien Quatsch mit Sauce,
nur Launen des Zufalls
und überhaupt nicht zu gebrauchen,
schon gar nicht für was Beständiges.

Wenn ich jetzt nur diese Punkte nehme,
welche Kluft tut sich da auf!
Ich mag auch keine Püppchen,
die mir Honig um den Bart schmieren
und mich einwickeln, damit ich nicht friere.

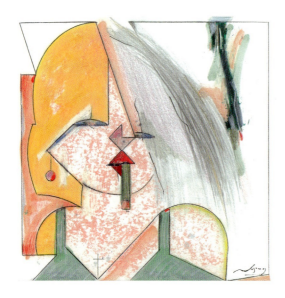

Denn ich will mir eine rote Nase holen
und auf das Scheißwetter schimpfen können
und mich hinterher freuen dürfen,
wenn ich Dir am Kamin den Pullover ausziehe.

Das Spiel mit dem Feuer ist der erste Schritt,
aus den Schubladen herauszukommen,
in die Frauen Männer und Männer Frauen stecken.
Weil's so bequem ist.
Aber um Gottes Willen nix anbrennen lassen.

Und was heißt, dafür bin ich nicht geschaffen?
Hast Du mal nachgedacht, wie das wackelt,
wenn Du an Deine Vergangenheit denkst?

Das Salz in der Suppe ist doch das,
was wir jetzt vor uns her schreiben
und köcheln auf sparsamster Flamme.
Und jeder weiß genau,
dass ein Schuss Calvados
das ganze Haus anzünden würde.

Und bei Calvados fällt mir ein,
dass es jetzt nichts Schöneres gäbe,
als mit Dir Hand in Hand
und dick in Schals verpackt
über den Sand und die auslaufenden Wellen
in der Bretagne zu stiefeln.
Und hinterher würde ich auf den Pullover
von weiter oben zurückkommen
und den Calva zwischen Deinem Busen trinken.

Spiel mit dem Feuer, Mischtechnik

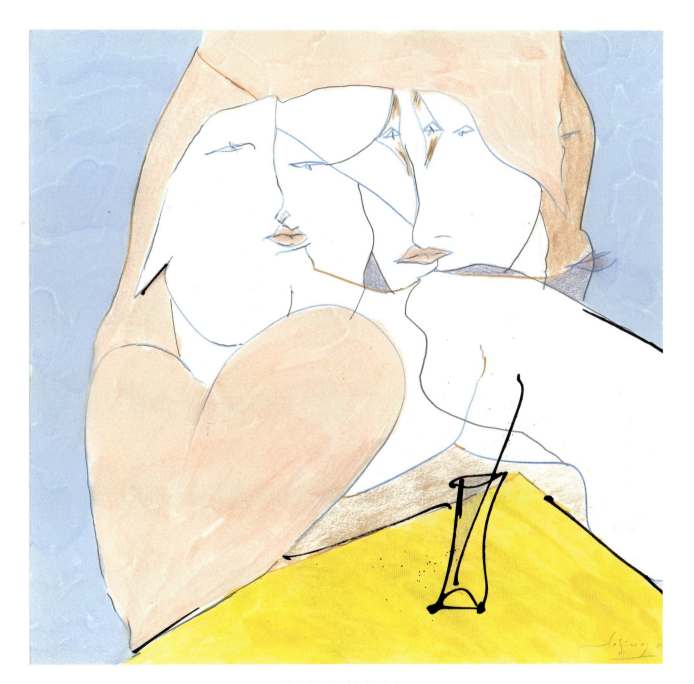

Calvados, 2004, Mischtechnik

DU - 3

No Sex

Du und Deine sexistischen Ansichten.
Was wunderst Du Dich,
dass ich nur mir gehören möchte.
Das ist auch nicht billig, sondern nur Recht.

Weißt Du nicht, wer ich bin?
Eine FRAU, ha!
Und damit das aktuelle Beispiel einer Spezies,
die eine weit größere Evolution durchlebt hat
als die Männer.
In mir ist das Erbe der Hüterin des Hauses
ebenso wie der mehr oder weniger Rechtlosen,
sich Unterordnenden.
Ich bin Geliebte und Mutter.
Aber heute verkörpere ich die moderne Frau.
Dafür haben sie gekämpft: die Sufragetten,
die Frauenvereine, Politikerinnen
und auch Alice Schwarzer.
Und was sie erstritten, will ich weiterleben.
Selbstständig und ohne Wenn und Aber.
Deshalb komm' mir nicht mit Püppchen.
Und auch nicht mit dem Feuer.

Es gibt eben Schubladen,
die wirst Du nicht für immer schließen.
Aber es gibt keine Freundschaft
zwischen Männer und Frauen ohne Sexualität.
Auch ich möchte mit Dir durch Wälder streifen
oder am Strand entlang rennen.
Du könntest mich auf einen Spazierritt mitnehmen
(und versteh' es ja nicht wieder falsch).
Aber muss es immer gleich so am Kamin enden??

Eine blutige Nase willst Du?
Dann erklär' mir doch mal,
woher die Männer ihre 1000 Hände haben?
Warum sie mir manchmal
gar nicht in die Augen blicken,
sondern viel tiefer hängen bleiben.
Und warum sie auch heute noch Alkohol einsetzen
wie vor fünfzig Jahren?
Wenn d i e ihre Schubladisierung
nicht vergessen können, warum dann ich?
Wenn Du wirklich mit dem Feuer spielen willst,
dann versuch' aus dem ewigen Kreis auszubrechen.
Denk an den Busen der Natur, nicht an meinen.
Dann trink' ich auch Calvados mit Dir.

No Sex, 2001, Mischtechnik

...und SCHLUSS

Ich will Dich

So missverständlich bin ich:
Da schickst Du mir
die Alice Schwarzer auf den Hals,
nur weil ich mit Dir geflirtet habe.
Sag' jetzt bloß nicht,
ich hätte schlafen sagen wollen
und mich nur nicht getraut,
und die Männer denken ohnehin
nur an das eine und ich
sei da auch keine Ausnahme.

Und was ist denn daran so schlimm,
wenn es "so" endet vor dem Kamin,
den ich als Stilmittel eingesetzt hatte,
um die Wärme auszudrücken,
mit der sich Menschen umgeben können,
und die sie umhüllt,
wenn sie sich verstehen.

Ich hab' nicht an Sex gedacht
und an das mögliche Ergebnis eines Versuches,
das zu tun, was Du mir zum Schluss aufgegeben hast:
auszubrechen –
ja, das ist es, was ich denke,
schon längst getan zu haben.
Da bleib' ich auch nicht an Deinem Busen hängen,
der verstellt mir nicht mal den Blick in Dein Herz
und in Deine Seele,
die Du auf Reisen schickst,
weil Du die Sehnsucht suchst,

die Dich so weit schon getrieben hat,
dass Du jetzt nicht mehr weißt,
welche Richtung Du einschlagen sollst.

Und wenn ich Dir dann vom Kamin vorschwärme,
wirfst Du mir gar vor,
ich würde Alkohol einsetzen
wie vor hundert Jahren.
Da hast Du mich aber gründlich missverstanden:
Ich freu mich darauf, träumen zu dürfen
und nicht, Dich besoffen zu machen.
Ich freu' mich, zu fliegen, zu rennen,
mit Worten, Gedanken und Bildern zu spielen
und nicht eingebremst zu werden,
weil Du hinter jeder Zeile vermutest,
ich wollte mit Dir ins Bett.

Ich will Dich.

Dich abholen und mitnehmen auf eine Reise...

Ein Versuch, 1998, Mischtechnik

ICH & DU

Auf der Suche

Nur kein Mitleid,
das hilft nicht weiter.
Geh' mit Dir selbst zu Rate,
geh' und schrei' es heraus,
geh in Dich und entscheide.
Du stehst an einer Kreuzung
und Du musst Dich entscheiden.

Doch,
ich will aber mitleid
ich will verständnis von dem mann an meiner seite
ich will weglaufen
ich will nicht mehr über alles
mit meinem kind diskutieren müssen
ich will ruhe
ich will keine verantwortung mehr
ich will nicht mehr stark sein
ich will endlich wieder ich sein
ich will schreiben
ich will schreien
ich will sonne statt schnee und regen
ich will nicht mehr autofahren
und wenn dann nur noch cabrio
ich will eine bunte welt
ich will eine rosa brille
ich will wärme und liebe
ich will harmonie
ich will, ich will, ich will,
ich will alles
und steh am ende doch mit leeren händen da...

Und wohin willst Du?
Rennst blind in Dein Verderben
oder in die Arme eines anderen
und spürst gar nicht,
wie Du vor Dir selber wegläufst
und schreist
und am eigenen Schrei aufwachst
und träumst
und vom eigenen Traum erschlagen wirst,
schweißgebadet hängen bleibst
am Wechselspiel von Traum und Wirklichkeit.

Das Du nicht mehr unterscheiden kannst,
weil Du Dich angepasst hast an die Gegebenheiten,
die Du nun ändern willst – ,
oder eher davor weglaufen?

Vor was?
Vor der Verantwortung?

Du bist groß genug.
Warum Mitleid?
Du bist stark genug,
intelligent.
Wie kannst Du wollen,
was es nicht gibt?
Und Du bist schön.
Warum gefesselt?

Weil Dir die Liebe fehlt.
Ganz einfach Liebe, leben, frei sein.

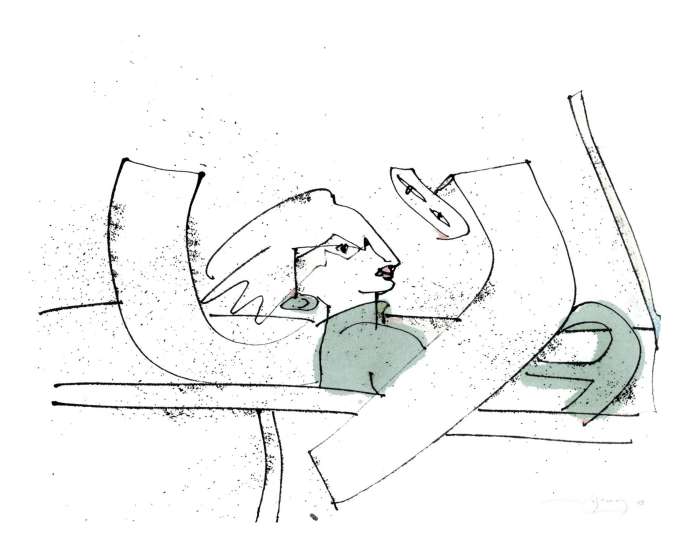

Nur noch Cabrio, 2003, Mischtechnik

Ich muss nachdenken

Der Schrei nach Liebe,
den keiner vernimmt,
weil er mit sich selbst beschäftigt ist.

Hast Du nicht eben gesagt,
Du wolltest Verständnis? Und Mitleid?
Pfeifst auf die Verantwortung
und Dein Leben?

Du lässt es vorbeiplätschern,
stehst am Ufer und schaust zu,
wie Dein Leben vorüberfließt.
Sehenden Auges. Dein Leben.
Du reagierst nicht mehr,
lässt Dich treiben
von der Routine des Alltags.

Und tust nichts dagegen?!?!
Am Ende eines verlorenen Tages
sind die Gewissheit der Nacht
und die Hoffnung auf Licht im Morgen.
Aber Du verzweifelst
am Schnee, an Frost und Nebel,
der Dir die Sicht nimmt
auf Deine Zukunft.

Nimm sie doch in die Hand
und jammere nicht.

Du willst wirklich Mitleid?
Weil das Leben Dich ankotzt?
Weil Du nicht fertig wirst damit,
meinst,
nichts ändern zu können?

Lern' wieder zu gehen !!!

Ja, es geht weiter,
aber doch nicht auf Kosten anderer.
Ich hab' mich doch vor langer Zeit entschieden.
Hab mir die Fesseln selbst angelegt.
Natürlich schreie ich nach dem,
was ich nicht habe.
Ich bin wie der Vogel im Käfig,
freue mich, wenn die Tür offen steht
und bin doch glücklich,
wenn ich dann wieder zurück kann.
Freiheit heißt doch nicht wegrennen.
Freiheit heißt doch,
frei in seinen Entscheidungen zu sein.
Und diese Freiheit nehm' ich mir.
Trotzdem muss ich manchmal schreien.
Wenn's gar zu heftig wird.
Aber es soll doch niemand verletzt werden.
So weit geht die Freiheit nicht.
Finde ich!

Komm mit, 2000, Mischtechnik

Lude

Am Anfang war Adam. Dann kam Lude. Adam Lude Döring. Über ihn und von ihm, "dem Zeichner", wie eine seiner drei Ausstellungen zum 55. Geburtstag im Jahre 1980 geheißen hatte, habe ich einiges gelesen. Jetzt wird er 80. Im Dezember 2005.

Ich bin stolz, ihn kennen zu dürfen, ihn vorzustellen, quasi durch sich selbst mit seinen Zitaten von damals, die – Zufall ??? – so viel gemeinsam haben mit diesem Buch, dass es kein Zufall sein kann. Sie sind vielmehr die Brücke zu ihm und unseren Wortbildern.

Eine andere Ausstellung von damals hieß "Retrospektiv". Das ist auch dieses Buch. In ihm sind Ludes Werke aus über 40 Jahren vertreten, ein ganzes Malerleben, ein tolles Leben, Ludes Leben.

Er erinnert sich: "Als ich die Malerei durch Bücher und Theorien lieben gelernt hatte, war ich über 30. Und kannte keinen einzigen Maler. 10 Jahre habe ich dann von der verständnisvollen und losen Hand des Döring gelebt, von MEINER Hand also, und aus meinem Kopf heraus – mit sektiererischem Starrsinn. Es waren die entscheidenden Jahre, die eine Festung aus mir gemacht haben, ganz uneinnehmbar. Später kamen Ausstellungen, Malerfreunde, Kunstfreunde, Menschenfreunde, und ich versuchte, aus dem Malen ein immerwährendes Abenteuer zu machen – ein solides, kein spektakuläres. Es ging um den Treibsatz. Sätze sind Triebe, wenn sie Inseln sind mit eigener Fauna und Flora, es gibt viele Inseln. Inseln sind Ausgangspunkte, oft Eilande, kahle Stellen. Sie werden grün. Ein gutes Gefühl: "Sie werden grün".

Vor 25 Jahren sprach Lude auch vom Zufall. "Dem Zufall eine sichere Zukunft verschaffen", wollte er damals. Und neulich, als sein langjähriger Freund, der Galerist Rudolf Bayer, die Ausstellung "Billard um Elf" eröffnete, schrieb er Lude ins Stammbuch: "Der Zufall ist Ludes bester Freund." Oder, wie es der Genius selbst zitiert: "Der Zufall ist viel zu wichtig, als dass man ihn dem Zufall überlassen dürfte."

Wie der fabulieren kann; ich bewundere ihn. "Ich glaube dem Wort so sehr. Ich glaube dem Wort spontan, ohne Ansehen der Person. Ein Satz ist selbstständig genug, um richtig zu sein. Ein guter Satz ist wahr."

Wahr ist, dass dieses Buch kein Zufall ist. Dass jedes Wort und jedes Bild gewollt sind, zusammen gehören, selbst, wenn sie vier Jahrzehnte trennen. "Malen ist auftauchen an einem anderen Ort", sagte Lude 1980. Nun ist er mitten unter uns. Das Leben, die Natur bleiben ja auch nicht stehen. "Natur ist eine ansteckende Krankheit. Auch Kühnheit ist ansteckend."

Eigentlich war es vermessen, zu glauben, dass alles so zusammenpassen würde, wie dies jetzt der Fall ist. Doch es wurde ein Bild daraus, *ein* einzig großes Ganzes, ein Bild mit über 80 Lude-Puzzleteilen. Gewollt. Und mit aller Kühnheit und Begeisterung. "Weißt Du", hat er 1980 geschrieben, "ich habe mir angewöhnt, die Wahrheit zu sagen, hinter allem steht die Wahrheit. Das beflügelt, macht reich, spielerisch in den Einfällen, und – weil es so selten vorkommt – unglaubwürdig."

Malen ist Auftauchen..., 2004, Mischtechnik

Sogar das Motto für dieses Buch, das ich in einem amerikanischen Poetry-Kalender für 2005 gefunden habe – "In der Dichtung kannst du alles weglassen, nur die Wahrheit nicht" – hat Lude schon vor 25 Jahren vorweggenommen. Wenn das kein Zufall ist!

Eingenommen war ich von Lude sofort, als ich erstmals seine Bilder sah. Gelegenheit gab es damals bei Daimlers und für Matthias Kleinert arbeitend genügend. Eine davon war seine rasante Eisschnell-Läuferin für die NOK Art-Präsentation bei den Winterspielen in Salt Lake City. Lude hätte mir zuliebe noch eine weitere gemalt für die Neuauflage des Sporthilfe-Kalenders. Doch dieses Projekt hatte die Jahrhundertflut weggespült. Keine Sponsoren, kein Geld, kein Kalender. Dafür ist sie jetzt in diesem Buch.

Im Berufsleben von Matthias Kleinert – Abteilung Kunst – war Lude Döring auch nicht wegzudenken – in den Jahrzehnten von der Ära Späth in der Villa Reitzenstein bis zu Daimlers nach Untertürkheim und Möhringen. Als einer der ersten Mitglieder im "Sandsturm Kairo" gehört Lude, wo immer er mit seiner prächtigen Statur von weitem schon zu erkennen ist, zu den gefragtesten Gesprächspartnern. Und Tänzern. Er sowie seine Bilder. So auch seine Sphinx, die er zu Matthias Kleinert's 65. Geburtstag gemalt und für die Sandstürmer als limitierten Siebdruck signiert hatte. Ich habe damals für die Geburtstagszeitung von M.K. eine eher despektierliche Überschrift gewählt: "Liebe, Lude, Leberkäs". Aber keiner war mir böse. Lude sagt: "Meine Gedanken taugen zum Malen. Zum Umgang mit Menschen taugen sie nicht, obschon ich mich freue, wenn sie mit mir umgehen."

Ich wollte seit dem Kalenderversuch schon immer ein Buch mit ihm machen. Ich war aber etwas unsicher, weil ich mich mit diesen Stories in ein neues Gebiet wage. Meine zwei Poem-Bücher haben eine andere Basis und dito Leserschaft (weiblich). Also gab ich Lude vorab einige Stories zum Lesen. Als ich dann nach mehreren schüchternen telefonischen Annäherungen versuchte, ihn bei Kaffee und köstlichem Kuchen von Frau Döring zu fragen, ob wir ein Buch zusammen machen, kramte Lude neben dem Sessel einen Packen Bilder hervor. Er hatte schon eine Vorauswahl getroffen. So einfach war das für ihn.

Später haben dann seine Frau und seine Tochter diese Auswahl wesentlich erweitert. Und die Bilder passen zu den Geschichten wie die Brillen zu ihm und Mungo. Ohne Wenn und Aber.

Was haben wir von da an für diskussions-freudige Nachmittage gehabt, immer begleitet von Mungos herrlichem Kuchen und, wenn sie da war, von Michaelas hinterfragenden Kommentaren, die Lude ein ums andere Mal in die Verteidigung trieben. Lude und seine Frauen. Was wäre er ohne sie.

Ich habe diese Diskussionen genossen. Er auch. Lude ist ein Künstler wie er malt und schreibt und lebt. Für seine Kunst. Wie er sich und sie sieht. Wohlgemerkt 1980: "Mittlerweile bin ich ein Fremder geworden. Chimärenhaft, in unsagbarer Unordnung und Schmutz lebend. Schwankenden Ganges, müde und hellwach, laut, mutlos, scheu, gesellschaftsfreudig – alles – nichts

57/250

Die Sphinx, 2003, Mischtechnik

elementar und gesetzestreu. Kurzum, es ist etwas Geheimnisvolles, das ich bemerke – erlebe. Am dauerhaftesten lebt es in Bildern, in meinen Bildern. Für mich und meine Welt. Die ist eine Insel. Mein Gewicht ist kein Gleichgewicht. Und schon gar kein Eichgewicht, was ja einen Stempel trägt. Und was schreibe ich. Ich bin aus Buchstaben, aber ohne Gewicht. Eine Linie, aber sie formt sich nicht zu Wörtern. Sie formt sich nicht gar. Unreif. Der Heumond meiner Gedanken ist ein Erntegedankfest. Eine raumlose Schwalbe, die keinen Frühling macht. Einen Spätling. Einen Sonderling. Ein Ende von Etwas. Ein Anfang von Nichts. Ein Vorstabe. Ein neues Märchen der Gebrüder Adam und Lude."

Als wir einmal von der Idee sprachen, die die Filderstädter mit ihrer Kunst an Radwegen initiiert hatten, zog Lude, der ambitionierte Rad- und Tennissportler, beim nächsten Treffen die treffenden Radbilder aus einer Mappe. Die wehen jetzt als Fahnen auf Filderstadts Fluren. Er hat für die Motive nichts verlangt, und ich habe für die Stadtkasse den Anschub finanziert.

So greift ein Rädchen ins andere. Und selbst für die Segelgeschichte sind Lude und die Damen fündig geworden. Ich habe sie auf dem Loch Ness begonnen, wie diese Lude-Laudatio, als ich auf meinem Trip zu meinen grünen Inseln Schottland und Irland die Fauna (Ruhe) und Flora (Besinnung) fand, die Lude schon beschrieben hatte. Wieder kein Zufall, sondern ein Steinchen im Mosaik der Bilder.

Als wir dann das erste Layout gesehen haben, zu dem ich die Macher (siehe unter Dankeschön) von unterwegs aus Schottland angetrieben hatte, während ich Whisky von den Highlands genoss, waren wir angetan von dem Ergebnis dieses Abenteuers, auf das sich Lude da mit mir eingelassen hatte.

Doch auch der Meister goutierte sein Werk, auf den ersten Blick. "Das wird eine schöne Sache". Diesmal war auch wieder die Spanierin dabei, die die beiden ins Herz geschlossen haben. Wie ich eigentlich auch. Aber das ist eine andere Geschichte. Und Mungo hatte wieder so einen guten Schokoladencremekuchen gebacken. Meine Verehrung, Frau Döring. Und ganz lieben Dank. Und herzlichen Glückwunsch zum Geburtstag. Am gleichen Tag wie die Vernissage zu Ludes Lebenswerk in Ludwigsburg. Und dem Geburtstag der Spanierin! Alles Zufall?

Radwegkunst, 1999, Mischtechnik

Dynamik, 2002, Farbstifte

Alter Träumer

Das ging aber gewaltig daneben.
Hast am großen Rad gedreht und Gefühle gezeigt,
wolltest mit der Tür ins Haus und Tore öffnen,
die gar nicht vorhanden waren –
wolltest auf eine Wiese voller Bäume rennen,
die längst abgeerntet war.

Statt zu warten, schickst du ein Paket an Träumen
hinterher, und sie hatte doch gewiss keine Zeit
und viel Wichtigeres zu tun, als sie zu lesen.
Was erwartest du eigentlich?
Dass sich jede mit dir so beschäftigt
wie du es zu tun beliebst mit anderen?
Träumer.

OK, sie hat es gesehen und sie hat dich gelesen –
und ist erschrocken. Weil sie natürlich nie im Traum
daran gedacht hat, dass du es ernst meinst,
in deinem Alter, was ein Kompliment,
aber auch eine unverrückbare Tatsache ist:
Nur Platz für Komplimente, keinen für Gefühle.
Alter Träumer.

Nimm's zur Kenntnis und glaub' nicht,
dass das Feuer, das du gefangen hast, einen Wald
anzuzünden vermag, nicht mal ein Häufchen
dürrer Äste kannst du damit zum Brennen bringen.
Die Zeiten sind vorbei. Hast ausgeträumt, Alter.

Und plötzlich bist du ratlos. Auf einmal ist alles
ganz normal, du bist auf den Boden zurückgekehrt,
du fürchtest den grauen Alltag und hast Angst,
das könnte dir jetzt öfters so passieren. Und du hast
ein Gefühl... nee nee, keines wie Flügelschlag,
eher wie Beklemmung: Wie sollst du jetzt träumen
ohne sie? Von leben ganz zu schweigen!

Am großen Rad, Mischtechnik

Traumtänzer, 2001, Mischtechnik

Den Traum kannst du an den Nagel hängen.
Und mit deiner Jacke auch die Hoffnung ablegen,
dass du jemals wieder ins Spiel kommst.
Nicht bei ihr, noch bei anderen.
Irgendwann hast du dich mit der Realität abzufinden.
Deine Tage sind gezählt. Du bist nicht mehr
der Springinsfeld, der den Frauen folgen kann.
Jetzt ist nicht mal mehr nachrennen angesagt,
dir geht ja schon nach fünf Schritten die Puste aus.

Also zieh' dich zurück aufs Altenteil und verwalte
deine Erinnerungen. Wolltest du nicht deine Memoiren
schreiben? Auch diesen Traum hast du schon beerdigt?
Ja, was ist denn von den hochfliegenden Plänen noch
übrig geblieben?
Und von der Weisheit der Zigeunerin in Mexiko,
die dir vorausgesagt hat, dass du dein Liebesleben
mit einer Blonden beschließen wirst?

Ist es das, was dich noch ein bisserl am Leben hält?
Dann halt dich ran. Den Blondinen geht langsam die
Farbe aus, und auf echte bist du ja noch nie geflogen,
hast immer in einer Scheinwelt gelebt.
Und siehst jetzt der Realität ins Auge
und hast ihr nichts mehr entgegenzusetzen;
schon ein Windhauch haut dich um.

So geht das aus, wenn man seine Trümpfe leichtfertig
verspielt, im Zick-Zack durch das Leben rennt
und laufend aus den Kurven fliegt.
Geradeaus laufen war noch nie deine Stärke.

Nein, nein, das ist jetzt noch keine Lebensnach-
betrachtung und schon gar keine Gerichtsverhandlung.
Das ist erst der Anfang. Wir schreiben uns warm.

Und noch hast du ja nicht aufgegeben zu leben!
Der Frühling beginnt ja erst. Und bislang hast du da
immer die größten Sprünge und besten Fänge gemacht.
Also Kopf hoch, lass' dich nicht unterkriegen.

Ich bin dein gutes Gewissen. Denk dran, was auf dem
Fax stand, das du an der Wand deiner Steuerberaterin
in Amerika gelesen hast:

Good morning, this is God.
I don't need your help today,
I will take care of all your problems.
Have a nice day.

Grosse Sprünge, Mischtechnik

Vor dem Frühling

Die Welt ist voller Unzulänglichkeiten und die Liebe macht darin keine Ausnahme, sonst würde es nicht Paare geben, bei denen du dich wunderst, dass und wie sie sich gefunden haben.

Du hast es selbst bemerkt, dass es sehr wohl eine Bestimmung gibt, wer zu wem gehört und passt. Gemeinhin könnte man das Glück oder Zufall nennen, wenn zwei sich finden, aber nach unserem fortgeschrittenen Wissen ist dieses Wort Zufall ja auszuschließen. Es gibt keine Zufälle. Alles ist Bestimmung.

Du selbst gehst ja auch nicht mehr so spontan und impulsiv in den Tunnel, denn das Licht am anderen Ende kann Kunstlicht oder gar getrübt sein durch mancherlei Blendung von außen. Seitdem du das erkannt hast, versuchst du, das Empfinden der ersten Momente sich setzen zu lassen und lauschst gespannt auf die Zeichen der Zukunft. Erfahrung macht nicht nur weiser, sondern auch kompetent im Umgang mit Wichtigem.

Vielleicht liegt es auch daran, dass du nach wie vor versuchst, nichts zu verpassen und du dein Herz so lange zurückhalten möchtest, bis es eindeutige Signale sendet. Du liebst diesen Zustand, bist immer voller Neugier, hörst gespannt in dich hinein, ob der Seismograph Grund hat auszuschlagen.

Und jetzt, hier und heute, fragst du dich, was das alles bedeuten soll, und warum du nichts verpassen möchtest von dem, was noch kommt. In diesem Zustand musst du aufpassen, dass die Welt nicht spurlos an uns vorbeizieht. Wo sie doch schon so viele Spuren hinterlassen hat. Und der Frühling noch gar nicht richtig begonnen hat.

Das Verlangen und die Sehnsucht nach dem Spiel der freien Kräfte steigert sich von Tag zu Tag. Du glaubst, dass dein Leben erst beginnt, eine überraschende Wendung zu nehmen. Und der Satz aus "Beautiful mind" ist ja vom timing her völlig richtig gerade heute gefallen, wiewohl du ihn so zurecht gebogen hast, dass er zu dem Motto passt, das du seit Monaten ausgegeben hast: "Ich glaube fest daran, dass etwas Außerordentliches geschieht."

Das ist jetzt bei Gott nicht das Hoffen auf ein Wunder, sondern das Wissen, an Wundern mitwirken zu können. Oder ist dir noch nie aufgefallen, dass es dir gelingt, Wunder zu vollbringen, als wäre es das Selbstverständlichste auf der Welt? Deine Nachbarn starren dich an, als wärest du selbst eines von den sieben.

Das ist es, was zählt: Die Kraft, die in dir steckt, Großes zu tun, Sterne zum Leuchten, Menschen zum Lächeln zu bringen; und das alles aus deinem Herzen heraus, mit der Gabe, die du seit der ersten Zeile gesucht und gefunden hast, weil dir auf einmal klar geworden ist, dass dein Leben einen Sinn und eine Wendung in die richtige Richtung genommen hat.

Sehnsucht, 2002, Mischtechnik

Nicht erst, seitdem du unter der Decke lagst
und der Arzt den Tumor herausgenommen hat, nein,
auf dem Weg nach Hause hast du auf einmal gewusst,
dass sich etwas verändert hat.

Und dann hast du einen Tag und eine Nacht gebraucht,
um in dich hineinzuhören, die Stimme in dir, die dich
wissen ließ, dass dir noch was Großes gelingen wird.

Und du hast Menschen gesucht, diese Freude
mit ihnen zu teilen, mit ihnen zu reden, um zu hören,
ob du die Zeichen richtig gedeutet hast,
aber sie hörten dich nicht und du wolltest dich
auch nicht in den Vordergrund spielen.

Und schon wieder stellt sich da die Frage,
ob das vielleicht auch Bestimmung war und du jetzt –
völlig für dich allein und losgelöst von allen Menschen
um dich herum – all diese Gedanken in den Raum
stellen sollst in dieser Geschichte,
die der Anfang ist, das erste Kapitel deines Lebens,
das zu beschreiben du gerade begonnen hast.

Weil du ja jetzt eine neue Erfahrung gemacht und so
etwas wie Mitleid und auf Distanz gehen festgestellt
hast. Denn auf einmal nehmen alle vom Kuss auf die
Wange Abstand, seitdem sie sehen, wie gezeichnet
du bist. Du könntest ja Hautkrebs haben. Und dann
küsst man nicht mehr auf die Wange, die gerade frisch
operiert worden ist. Oder nur mit ganz langem Hals,
ja nicht berühren. Oh ja, du hast gut beobachtet.

Deine Begeisterung ist wohl nicht mehr so ansteckend,
deine Krankheit offensichtlich schon.

Du wirst jetzt nicht so vermessen sein zu sagen, in der
Stunde der Not erkennt man seine wahren Freunde.
Denn noch droht nirgendwo Not, noch gibt es an den
Freunden auch nicht das Geringste auszusetzen.
Sie haben für dich gebetet, an dich gedacht,
dich gepflegt und sich um dich gesorgt, und trotzdem
hast du in den wenigen Tagen danach ganz schön
Auslese betrieben. Bist beinahe zum Solisten geworden.

Du hast dich geoutet und dich dazu bekannt, dass du
kein Mann für eine Ehe oder eine Partnerschaft bist.
Hast du gesagt. Und dabei sehnst du dich nach einem
Menschen, mit dem du die Zeit teilen kannst, die Zeit
des Frühlings, der Gefühle, der bunten Blumen am
Wege, das Erwachen der Natur, das deinem so ähnelt.

Ein Solo, Mischtechnik

Du bist aufgewacht, hast gesehen, zu was du fähig bist, hast alles in Angriff genommen, alles auf einmal, und jetzt sitzt du da und – plötzlich kommst du nicht mehr weiter, weil die Heerscharen dir nicht folgen und du nicht Manns genug bist, das einzufordern, was sie dir versprochen haben. Oder nicht rigoros genug bist, Schluss zu machen mit dem, was dich rund um die Uhr beschäftigt und dir doch eigentlich nur die Zeit stiehlt, dich auf das zu konzentrieren, was du vor hast.

Aber auf diese coole Tour hast du wenigstens Schluss gemacht mit deiner blonden Flamme, die noch immer davon träumt, mit dir im Herbst in den Süden zu fahren, um dir dort den Floh ins Ohr zu setzen, dass es herrlich wäre, dort unten zu bleiben. Seitdem du das Pflaster an der Wange hast, hat sie nicht mehr mit dir geschlafen.

Und du spielst wieder mit dem Gedanken, in München einen Besuch zu machen, seitdem du das Bild von deiner langen Liebe und ihren zwei hübschen Mädchen gesehen hast. Du kannst dir diesen Gedanken aus dem Kopf schlagen, da läuft nichts; nur sie lässt nicht locker, dich ins Haus zu holen, damit du Daddy spielen kannst.

Und warum hast du den Flug nach Paris so schnell gebucht und freust dich auf die Fahrt im Nachtexpress ans Meer? Weil es außer Wein und Käse Lust und Liebe und Sex pur gibt. Und sie kann schreien und stöhnen so lange und laut sie will, im Abteil nebenan hört man kein Wort.
Der Zug fährt fürchterlich laut, und der Rhythmus der rollenden Räder bestimmt das Tempo der Liebe.

Und dann hast du den Termin festgemacht, wann du wieder nach Vancouver fliegst. Heute Morgen hast du noch davon geträumt, auch die andere in die Kiste zu kriegen, weil du weißt, dass sie scharf ist, wenn du ihr mehr versprichst als nur die nächste Steuererklärung. Und deine Köchin wird sich wieder mit dir versöhnen und mit dem gleichen scharfen Essen aufwarten wie mit dem Tanz danach, den du gewohnt bist von ihr und dem du nicht widerstehen kannst.

Und zu Hause hast du weiterhin einen Stein im Bett und wirst immer willkommen sein, selbst wenn du dich zierst und drückst. Du weißt doch sehr genau, dass du höllisch aufpassen musst, weil sonst das schlaue und bequeme Leben auf ihre Kosten ganz schnell zu Ende geht und sie dich rausschmeißt und fallen lässt wie eine heiße Kartoffel. Mittlerweile hat sie dich durchschaut und kann auf dich verzichten, auch wenn ihr im Bett immer noch die große Nummer spielt und es zuletzt recht viel Spaß gemacht hat.

Du tanzt auf fünf Hochzeiten und wunderst dich, weshalb du keine Braut findest?

Paris, Mischtechnik

Freunde?, Mischtechnik

Dann mach' dich mal frei von deiner Vergangenheit
und richte den Blick nach vorne. Irgendwie verschläfst
du die Gegenwart – doch du wirst Stellung beziehen
müssen. Du wirst Entscheidungen treffen müssen,
denn bislang bis du viel zu lange allen Schwierigkeiten
ausgewichen. Du hast es meisterlich verstanden,
alles zu behalten, was du haben wolltest.

Nur stellt sich hier und heute die Frage, ob du
so weitermachen kannst und willst. Du zündelst in fünf
Betten, aber so langsam bekommst du immer mehr
Angst, dir die Finger zu verbrennen, weil du merkst,
dass es doch nirgendwo das Richtige ist und irgendwo
das Leben sein Feuer verliert

Noch hechelst du den Möglichkeiten hinterher,
die du bislang so schamlos ausgenützt hast. Wehe dir,
wenn das alles auf dich zurückkommt, was du sonst
noch so angerichtet hast.

Dann gnade dir Gott, den du so gerne an Deiner Seite
wünschst und nicht locker lässt zu erzählen, dass er
es immer gut meint mit dir.

Nächste Woche sagt dir der Arzt, wie es wirklich mit
dir bestellt ist. Da hilft dann nur noch beten, wenn du
wieder unters Messer musst.

Beten, 2003, Mischtechnik

Die große Welle

Nietzsche hatte gesagt, man müsse noch das Chaos in sich haben, um fähig zu sein, einen Star zu zeugen. Oder etwas Großes zu bewirken. Was immer auch leichter ist. Aber zeugen kann Mike nicht mehr. Er hat zu viel auf dem Feld der Unvernunft vergeudet. Jetzt, im reifen Alter, wo es drauf ankäme, Gutes zu tun, um Besseres zu leisten, geht ihm öfters die Puste aus. Sehr zum Leidwesen von Sandrine, mit der er unterwegs war. Auf der Straße seiner Vergangenheit.

4.500 Kilometer in knapp zwei Wochen, quer durch seine Erinnerung in Italien, Frankreich, Spanien. Nur an der Küste der Biskaya war er noch nicht. Und hat sich dort auf Anhieb in die Gegend verliebt. Wie damals bei der ersten Fahrt an die Costa Brava, mit seiner ersten großen Liebe. Da war alles Romantik pur.

Nachts in den Betten ging es rund. In den Hotels waren sie fast allein; glücklicherweise. Denn Sandrine war lautstark und lustvoll. Manchmal hätte er sie mit dem Kopfkissen ersticken können. Manchmal war er verliebt in sie. Meistens hat er nachgeben und das nehmen müssen, was er bekam, aber irgendwie doch das bekommen, was er wollte.

Sie liebte ihn sehr, aber man durfte es nicht übertreiben und nicht überziehen. Nach dem Orgasmus schlief sie ein, so wie er sie verlassen hatte. Manchmal am Morgen danach konnte er gleich wieder so weitermachen, noch vor dem Frühstück. Immer dann, wenn sie ihre Hände ausstreckte, durfte er. Wenn er konnte, um genau zu sein.

Es war Herbst. Die Dörfer waren leer, die Touristen aus dem eigenen Land, Deutsch wurde kaum gesprochen. In Spanien waren nur noch die mit den Rucksäcken unterwegs; in der Provence sah man vereinzelt deutsche Nummernschilder.

In St. Emilion haben sie den Weinbauern zugeschaut, wie sie ihren Premier Cru einbringen. Bei denen hat es auch mehr geregnet als sonst. Weshalb die Preise wieder sehr angezogen haben.

Bei Lloret de Mar landeten die Fischerboote jeden Morgen beim Glockenschlag der Kirche ihren Fang im Hafen. Ihr Geläut konnte man kilometerweit hören, ein melodisches Schlagen, ein Rhythmus, der verführt, dem man sich nicht entziehen konnte. Mike wollte es bei diesem Geläute einmal am Strand treiben. Am letzten Tag schien

No tourists, Mischtechnik

Am Strand, 1982, Mischtechnik

die Chance gekommen. Sandrine hatte von der letzten Nacht noch etwas gut zu machen. Sie hatten sich geliebt wie immer, aber Sandrine hatte Mike vernachlässigt wie selten zuvor. Und er sagte, "Wenn Du das bis morgen nicht gut machst, fahren wir nach Hause." Das wäre eine Woche früher als geplant gewesen.

Am anderen Morgen war sie schon beim Packen, als er aufwachte. Sie hatte es für bare Münze genommen. Und sie machte keine Anstalten, sich um ihn zu kümmern; sie duschte und packte dann weiter ihren Koffer.

Sie sind dann doch geblieben, hatten sich versöhnt, sind zum Frühstück wieder in die Confiteria gegangen und mit zwei Croissants zum Strand gefahren, wo sie ihre Burg suchten, die er am Vortag als Schutz gegen den Wind gebaut hatte. Weil sie am Morgen aber noch im Schatten lag, suchte sich Sandrine einen anderen Platz in der Sonne. "Ich bleibe hier." sagte sie. "Ich gehe weiter und warte, bis zu unserer Burg die Sonne kommt", sagte Mike und nahm sich ein paar Blätter aus dem Notizbuch mit, das er als Tagebuch benutzte.

Er schrieb ihr einen Brief, ungefähr so:

"Das war unsere Unterhaltung in der vergangenen Nacht bei einer großartigen Vorstellung, die ich genau so genossen habe wie die anderen zuvor – bis auf das Ende. Du hast mich gefragt und von mir gewollt, dass ich nicht kommen soll. Und Du hast gesagt, ich solle Dich küssen und streicheln und alles machen, was Du gerne hast und Dich verrückt macht. Und ich hab Dich gefragt, ob Du es dann mit mir auch so machst. Und

Du hast "Ja." gesagt. Und dann hast Du mich gefragt, ob ich das gerne mag und ich habe "Ja" gesagt und wir haben uns geliebt wie am ersten Tag, und es war wundervoll und dann hast Du plötzlich gerufen und geseufzt, und als alles vorbei war, hast Du Dich umgedreht und bist einfach eingeschlafen. Ich bin sauer.

Ich habe das gemacht, was Dir gefallen hat, und Du hast mich einfach im Regen stehen lassen. Das passiert mir nie wieder. Du hast 24 Stunden Zeit, den Fehler wieder gut zu machen. Sonst beenden wir hier nicht nur unseren Urlaub…".

Das hatte Mike geschrieben, am Meer auf seinen Sandalen sitzend. Dann ist er aufgestanden und hat den Zettel zu ihr in ihr Strandhaus gebracht, zusammen mit der Sonnencreme. Und ist wieder runter ans Meer, das weit zurückgegangen war.

Es kam ihm so vor, als hätte sich das Meer immer weiter zurückgezogen, aus lauter Verzweiflung, was die Menschen hier mit ihm anrichten. Denn sie lassen den Dreck und Abfall und die Scheiße der ganzen Umgebung ungeklärt ins Meer laufen, und wir sollen um teures Geld ihre verseuchten Fische essen. Und Mike soll auf seine geliebten Gambas in Öl und Knoblauch verzichten, weil sie so teuer geworden sind. Und doch nur tiefgefroren und von weit entfernt hierher gekarrt werden. Die Fischer fangen hier unten vor der Küste nur noch die großen Gambas, die kleinen kommen von der Nordsee oder von Japan, tiefgefroren. Da kann man sich nur noch schütteln.

Und es ging rund, Mischtechnik

Mike saß unten am Meer und sah, wie sie ihre Sachen packte und in ihr Sand-Stein-Haus von gestern zurückkehrte, als die Sonne auch dort eingezogen war.
Er freute sich schon, vielleicht gibt es doch eine Versöhnung. Als er auch zu ihr zurückkehrte, gab sie ihm einen Kuss und sagte, es täte ihr leid. "Ich habe das nicht gewollt. Ich liebe Dich doch."

Sie zog einen Pulli aus und hatte nur noch ein T-Shirt an und nichts darunter. Sie nahm seine Hand und legte sie auf den Sand und in seine Hand ihren Busen, aber er durfte nicht mit den Rosenhügeln spielen. Und so blieb es bei seinem Traum...

Als sie am Nachmittag zurückgingen, um im Dorf einen Kaffee zu trinken, waren sie – anders als am Vortag – plötzlich vom Rückweg abgeschnitten. Das Meer hatte schon die Felsen erreicht, um die sie am Vortag noch trockenen Fußes herumgehen konnten. Jetzt mussten sie sich hinter ihnen verstecken und abwarten, bis die großen Wellen vorbei waren und zurückgingen, um vorsichtig weiterzukommen Richtung Dorf. Denn es war ihnen zu beschwerlich, den langen Umweg über den Berg zu machen.

So kämpften sie sich Meter um Meter durch die Flut, er voraus im Schutz der Felsen, die noch aus dem Wasser ragten, und sie ängstlich weiter hinten. Dann hörte er einen Schrei....

Er hatte die große Welle kommen sehen und sich hinter einem großen Felsen versteckt, aber sie schien sie nicht gesehen zu haben. Sandrine war auf einmal weg, verschwunden, vom Wasser verschluckt. Ihm wurde himmelangst. Er schrie sich die Lunge aus dem Hals, "Sandrine, verdammt noch mal, Sandrine, wo bist Du? Sandy, Sandy!!!!". Er suchte nach ihr.

Aber er sah nur meterhohe Wellen und die Gischt, aber kein Zeichen von ihr. Rufe oder Schreie wären auch kaum zu hören gewesen, so laut war das Getöse des Meeres. Vom Ort her hörte er die Glocke der Kirche, sie schlug sechsmal. Von Sandrine war nichts zu hören und zu sehen.

Mike rannte zurück, um die Ecke, wo vorher noch ein paar Leute in warmen Decken gehüllt lagen. Und wo Sandrine mit der alten Frau gesprochen hatte, der der Weg durch die Flut zu gefährlich war und die über den Berg der Straße entlang ins Dorf gehen wollte.
Er holte sie ein und versuchte, ihr klar zu machen, dass er Sandrine verloren hatte. Die alte Frau rief die jungen Leute zu sich, einer hatte ein Handy und sie riefen die Polizei und rannten hinunter an den Strand und suchten sich die Augen aus und sahen auch nichts. Und Mike wurde es kotzübel, als die Polizei kam und nach seinen Personalien fragte und was da passiert wäre.

Und dann nahmen sie ihn mit ins Auto, das auf den Strand gefahren war, wo sie am morgen noch Fußball gespielt hatten. Die Spanier haben da ein neues Spielsystem erfunden, denn wenn das Meer zurückging, konnte man auf dem festen Sand herrlich Fußball spielen, mit richtigen Toren und großem Spielfeld.

No Pulli, 1993, Mischtechnik

Und wenn mehrere Mannschaften mitmachen, dann spielt man morgens in Gruppen und abends über Viertel- und Halbfinale bis zum Finale nach Zeit. Und gewonnen hat die Mannschaft, die führt, wenn die Flut zurückkommt und die Linien des Fußballfeldes einfach wegspült.

An der Stelle, wo morgens das Fußballfeld einge-zeichnet war, konnte man zur Hälfte noch mit dem Auto auf den Strand fahren. Da hatte die Polizei ihr Auto abgestellt, in das sie ihn jetzt setzten. Und dann fuhren sie aufs Revier. Und Mike erzählte, in welchem Hotel sie wohnten. Und der ältere Beamte mit dem grauen Vollbart, der so gütlich aussah, aber eine knall-harte Stimme hatte, rief dort an und ließ sich die Daten bestätigen. Der junge große Beamte mit den blonden Haaren, die ganz kurz geschnitten waren, wühlte durch seine Sachen, die Mike in einer Einkaufstüte mit sich herumgetragen hatte. Und der Junge mit den blonden Haaren fand den Zettel, den Mike morgens Sandrine geschrieben hatte. Den mit dem Sex und der Drohung.

Und da wusste Mike, wie tief er in der Scheiße saß.

Eigentlich ist das das richtige Ende für ein bescheuer-tes Leben, das er sich zum Schluss von Tag zu Tag mehr verpfuscht hatte. Obwohl er meinte, es würde ihm glänzend gehen und er hätte alles, was er braucht. Glück und Geld und Girls. Dabei merkte Mike gar nicht, wie ihm das alles schon längst aus den Händen geglitten war.

Er hatte alles aufgeschrieben, Wort für Wort, Geschich-te für Geschichte, Jahr für Jahr, Höhepunkt für Höhe-punkt. Und vor lauter Vergangenheit hatte er gar nicht bemerkt, wie ihn die Gegenwart überrollte, die Realität verloren ging und er die Zukunft verspielte. Die große Welle hatte nun auch sein Dasein weggespült, obwohl er am Leben geblieben war. Aber das lag in den Händen der lokalen Polizei in einem abgelegenen Fischerdorf.

Er hörte aus dem Gespräch mit seinem Freund Heinz, den er im neuen Job als Vizekonsul in Sarajevo ange-rufen hatte, so etwas wie Hoffnung heraus. Obwohl dessen erstes Wort auch "Scheiße" war. Aber sein AA-Kumpel klang trotzdem zuversichtlich: "Ich hol' Dich da raus", hörte Mike ihn noch sagen. Dann nahmen sie ihm das Handy weg.

Keine Zeugen, 1999, Mischtechnik

No Handy, Mischtechnik

Lucky me

Der Zigeuner hat seine Heimat gefunden.
Voltaire hatte es auf den Punkt gebracht: "Das Paradies ist da, wo ich bin." Oder anders gesagt: Egal, wohin du gehst, du gehst immer in Richtung nach Hause.

Aber jetzt fang' nicht an zu lamentieren, bis jetzt hast du es ja trefflich vermieden, dich zu binden. Und erst gestern Nacht der Krach mit Gaby hat dir gezeigt, dass es nicht sinnvoll ist, alles mit jedem zu teilen.

Wobei Ausnahmen zugelassen sind, du teilst ja eh nicht alles. Und schon gar nicht mit jedem. Aber dein viel zu großes Mitteilungsbedürfnis bringt dich noch in Teufels Küche. Du kannst ja wirklich nicht allen alles erzählen, ohne Rücksicht zu nehmen auf die Befindlichkeiten der Weibersleut', die dich umgeben.

Was geht es Gaby an, dass du eine Christina hast und nicht nur hast, sondern auch bei ihr schläfst und mit ihr 'ne Wohnung suchst. Du kannst von Glück sagen, dass sie dir schon gekündigt hatte und du das akzeptiert hattest, sonst wärest du unverzüglich aus dem Haus geflogen. Sicher, sie hat sich Hoffnungen gemacht, hier bei Big Brother zu verkünden, dass du zu ihr eingezogen bist. Das hätte die Spekulationen angeheizt. Und so war es ja auch geplant.

Ein Glück, dass du die Tür rechtzeitig zu bekommen hast. Und nicht mehr im Bett aufgetaucht bist. Sie hat sogar ausgerechnet, dass ihr vier Monate, die ersten vier nach dem Einzug, nicht mehr miteinander geschlafen habt. Du kannst von Glück sagen, dass du frei bist. Das wäre ein Gefängnis geworden.

Lass' die paar Erinnerungen stehen, die ihr zusammen geteilt habt. Und sei froh, dass du Abstand gewonnen hast und es dich nicht mehr anmacht, egal, wie schön die Nächte und wie laut die Jubelschreie waren und wie oft du es noch konntest. Das ist nicht mehr das Thema. Das Thema ist, dass du wieder einmal glücklich davongekommen bist, wie damals auf dem Schiff, das dich neun Monate in die Welt hinaus getragen und alles sich in Wohlgefallen aufgelöst hat, als du zurückgekommen warst. Falscher Alarm sozusagen. Du bist und bleibst ein Glückspilz. Egal, wo du auch landest.

Von den Beinen, 2004, Bleistift

Big Brother, 1998, Mischtechnik

Die Tage des Schmetterlings

Hallo, mein Engel, jetzt beginnt die Stunde der Engel, so nach ein Uhr in der Nacht, wenn die Engel und die guten Geister um dich sind. Und ich muss mich schon wieder vieler Vorwürfe erwehren. "Du baggerst wie ein 20-jähriger...", ein böses Wort aus deinem Munde.

Jetzt müssen wir halt schreiben und mailen und können nicht darüber reden, das ist schade, denn zuletzt gab es hoffnungsvolle Ansätze für ein Gespräch. Aber am Handy bringt das auch nichts.

OK, ich teile deine Meinung, dass das toll ist, wie wir uns unterhalten können. Und ich habe ja auch nicht reklamiert oder Gegenteiliges verlauten lassen zu "Deiner" Freundschaft oder wie du dazu stehst; ich könnte mich damit anfreunden. Aber das hat nix mit Zeit gewinnen zu tun und schon gar nix mit baggern.

Einen Kalenderspruch aus der jüngsten Zeit:
"Ich suche nicht. Ich finde." (Picasso)

Was hat das mit uns zu tun?

Du weißt, ich war verliebt in dich am ersten Tag und mit jedem Tag mehr, und deine Freundin und früher meine Freundin hat mich gewarnt, dass ich nicht gleich mit der Tür ins Haus fallen soll. Aber weil ich es getan habe – wegen dieser Warnung leider nur halbherzig – ist alles schief gelaufen.

Kein Wort, was in den knapp zwei Jahren hätte anders sein können. Du hast recht mit deiner Deutung, dass ich "belegt" bin (nicht vergeben, füge ich hinzu). Aber das wäre kein Hindernis. Nur weil ich nicht an mich und an dich geglaubt habe und an das, was hätte sein können, stehen wir noch hinter dem Anfang. Und du hast es ja gespürt, dass es mehr war als nur Flachs und Tollerei, und jetzt weißt du es auch.

Ich halte mich an die Freundschaft. Aber du sollst wissen, dass manches, was geschrieben steht, dir geschrieben wurde und dir gilt. Nämlich, dass ich meine Ziele mit Beharrlichkeit verfolge, dass ich ein Geduldiger bin – bei Nadine habe ich ein Jahr nicht locker gelassen – und dass ich jetzt einfach daran und an mich glaube. Auch weil mir eine Mexikanerin einst in Guernavaca aus der Hand gelesen und gesagt hat, ich würde nach Nadine noch zweimal ernsthaft in Gefahr geraten, aber die letzte Frau danach sei eine blonde schöne Frau. Und mit der würde ich glücklich werden. Also aufgepasst!

Ich bin ein Schmetterling, ich bin gerne mit Frauen zusammen. Ich liebe das Leben, mein Leben, das längst nicht so verrückt ist wie das von anderen, die über die Stunden und Tage und Nächte fliegen, als hätten sie einen Turbo. Ich habe nur Leidenschaft und Begeisterung und das Gefühl, dass das Glück mir zufliegt und ich es greifen kann und es mir nützt und ich damit zufrieden sein kann. Ich will das auch sein, und andere auch glücklich sehen; dazu gehört auch, teilen zu können. Und zu leiden, wenn es sein muss.

Picasso findet, 2002, Mischtechnik

Aber in mir bricht keine Welt mehr zusammen, wenn es mal nicht so kommt. Weil ich an mich glaube und weiß, dass ich alles erreichen kann, was ich will, was gut ist, was mir gut tut.

Und das gebe ich auch gerne zurück, doppelt und dreifach, wenn ich kann. Doch dazu muss ich frei sein, fliegen können, schweben dürfen, und, wenn ich mit dir rede, auch Spaß dabei haben, flirten dürfen und heraushören können, so wie du.

Ja, ich bin belegt, glaub' nicht, dass mir das leicht fällt. Ich weiß, dass ich auf dich warten sollte, dass was unausgesprochen war, dass was da war und ist. Aber jetzt wäre es die falsche Zeit, und ich hab' Angst, jemanden zu verletzen.

Die Zeit kommt, so wie sie jetzt gekommen ist und alles auf einmal in wenigen Tagen auf dem Tisch liegt, mehr als in den zwei Jahren zuvor, die wir überflogen haben im Stile eines Orkans, der über uns kam und doch nichts ausgelöst hat, keinen Schaden, keine Zerstörung, keinen Bruch. Ich werde dein Freund sein, mit dem man Pferde stehlen kann, ich werde mir die Freiheit nehmen, dich herauszufordern zu schreiben, zu reden und zu diskutieren und die Zeit mit mir zu teilen, um das zu hören, was in deiner Seele ruht.

Auch das ist eine Explosion, ist Leidenschaft und macht nicht Angst, weil es von der Seele kommt, von Herzen, und du weißt, dass ich dir nie weh tun würde und werde. Das hab ich dir ja schon geschrieben und öffentlich gemacht.

An uns ändert sich nichts, wir haben eine schöne Zeit vor uns und niemand zählt die Tage, Wochen, Monate. Die Zeit geht mit uns und unseren Wünschen und schenkt uns herrliche Tage.

Aber die Tage des Schmetterlings...

Ich habe nichts zu verbergen, wenn die Zeit kommt, bin ich ein freier Mann. Ich hab' festgestellt, dass ich ernsthaft sein kann, ich muss nur noch die Ruhe finden, wie du es gesagt hast. Aber wenn die Zeit gekommen ist und der liebe Gott es will, weil ich es möchte und er mir dazu verhilft, werde ich das wissen. Und wenn er etwas dagegen hat, dann lässt er mich das auch wissen. Wenn also diese Zeit kommt, bin ich frei.

Die Tage des Schmetterlings sind gezählt.
Er hat seine letzte Blume gefunden.

Danke, dass Du mir Deine Seele geöffnet hast.
Pass' auf mich auf.

Voller Stolz, 2004, Mischtechnik

Cortado, ron y amor   (Cafe, Rum und Liebe)

Ich sitze im Hotel Nacional, unten im Garten bei den Kanonen – die 305 mm von Ordonez und die 280 mm von Krupp, die am 13. Juni 1898 von dieser Stelle aus im Hispanisch-Kubanisch-Amerikanischen Krieg auf die USS Montgomery abgeschossen wurden. Aber, so sagt die Gedenktafel im Stile eines Sportberichtes über einen Schießwettbewerb, "There were no hits scored."

Ich sitze also da unten im Garten bei einem Mojioto und reflektiere die Eindrücke einer ersten Kuba-Reise, die zum Ziel hatte, mich zum Ziel zu führen: Destinacion Cuba. Ich habe meine Trauminsel gesehen und auf den ersten Augenblick geliebt.

In der Abflughalle in Havanna habe ich beim letzten Cuba Libre auf der Insel die Bestätigung dafür gefunden, von einer fülligen, aber charmant reizenden Engländerin, die Malerin ist und aus Studiengründen – auch zum ersten Mal – nach Kuba geflogen kam: "Das war Liebe auf den ersten Blick."

Ich liebe Abflughallen wie die in Havanna. Wo die Bar zum Bersten voll ist wie die Aschenbecher und jeder vor dem Boarding noch schnell einen Drink zu sich nimmt und sich Typen treffen, die von der Brandung des Zufalls auf die Barhocker und auf die Plastikstühle an den Plastiktischen gespült werden. Das ist in Madrid so oder in Rom oder Budapest und Sofia und ganz krass in Havanna. Nur in Frankfurt herrscht da sterile Sauberkeit und Ordnung. Und in München.

Also lieber zurück zum Chaos von Havanna, das eigentlich die ganze Reise so geprägt hatte. Si, eine Reise, die durch eine mäßige Organisation zu einer Abfolge von Streitereien, Auswüchsen und leider auch typischen Beispielen führte, wie sich Deutsche im Ausland benehmen – vornehmlich in Thailand und auf Kuba.

Last drink, 2005, Mischtechnik

Abflughalle, 1999, Mischtechnik

Die Bereitwilligkeit, Liebe zu geben, ist in Kuba größer als in jedem anderen Land der Erde. Sie geben sich hin, um für die nächsten Tage, Wochen oder, wenn es ganz gut läuft, für ein paar Monate etwas zum Leben zu haben. Wenn das Wochenende kommt, schwirren sie vom Freitag bis Sonntagabend aus zu den Plätzen, wo die Fremden und Touristen sind. Und jeder in der Stadt oder in den Dörfern, der die Schlüsselgewalt über vier schäbige Wände und eine Dusche hat, verdient mit an diesem Geschäft. Sie kämen nie auf die Idee, es als ein schmutziges zu bezeichnen. Es dient alleine dazu, nicht einfach nur am Leben zu bleiben, sondern trotz der Armut noch etwas Spaß dabei zu haben und der Armut zu trotzen mit einer Lebensfreude, die Platz lässt für Musik und ein immerwährendes Lächeln, das einem von den Mädchen, die meist noch Kinder sind, so sicher ist wie die Sonne am blauen Himmel über Kuba.

Seit einem Jahrzehnt plätschert das nun schon so dahin und der Lider Maximo, der einst Weihnachten und die käufliche Liebe abgeschafft hatte, hat die Prostitution zu einem bedeutenden Nebengeschäft des Tourismus gemacht, die den früheren Umsatz im Zuckergeschäft auf Anhieb um das Dreifache übertroffen hat. Dabei sind die Zahlen auf dem freien Markt der Liebe noch gar nicht mitgerechnet.

Aber sicher ist, dass zu den vielleicht 300.000 Menschen, die im Tourismus arbeiten, nochmals die gleiche Zahl an Frauen kommt, die einfach nur der Gunst der Stunde erliegen und sich diese Gunst so hoch wie möglich bezahlen lassen. Wobei dies mit den herkömmlichen Preisen und dem Procedere in Europa (West) nicht vergleichbar ist. Zumindest nicht, was das Preis-Leistungs-Verhältnis betrifft.

Die "besos oral", aus verständlichen Hygienegründen in Kuba fast nur weiblich, klingen im Rhythmus von Salsa, Rumba und Bolero noch hundertmal feuriger als der geschäftige "blow-job", den Hemingway hier vor 80 Jahren salonfähig gemacht hat.

Zum cafe con leche bekommt man erst cigar con ron und dann die chica a coche, denn die wenigsten, die an der Straße stehen, sind Anhalterinnen, die irgendwohin mitgenommen werden müssen, sondern solche, die mit der Nummer auf dem Heimweg das Angenehme mit dem Nützlichen verbinden. Denn der öffentliche Verkehr auf Kuba ist ungleich schwieriger zu meistern als die Gelüste eines Fremden.

Liebe geben, 1960, Tusche

An der Bar, Mischtechnik

Zu Hause, in einem "casa particular", kann man es gut treffen mit einer reinlichen Wirtin, die es gut mit einem meint und beim zweiten Besuch sogar noch ein Essen für dich und deine chica kocht und so etwas wie Familienanschluss vermittelt, dass der Eindruck des Professionellen sich zwar in manchen Situationen verfestigt, aber trotzdem nicht mehr so offensichtlich ist.

Freilich, so etwas ist eher in der Provinz möglich, wo man auch im Hotel die Securidad mit 20 $ bestechen kann, um ein Mädchen mit aufs Zimmer zu nehmen. In Havanna kostet das schon 50 $ plus dem Mädchen. Und man ist nie sicher, ob nicht nach 20 Minuten der Kerl an die Türe klopft und die chica rausschmeißt.

Wenn wir mal die Professionellen außen vor lassen, dann hast du überall die Möglichkeit, eine Frau zu finden. Wenn sie dich auf der Straße herausfordernd anschaut oder neugierig-interessiert mustert oder auch nur lieb anlächelt, ist der deal schon gemacht, wenn du zurück blinzelst. Sie ist sofort an deiner Seite, und sie verlässt dich nicht mehr, bis ihr einig seid, was ihr wollt.

Die meisten wollen und das mitnehmen, was sie kriegen können, am liebsten natürlich Geld. Aber alles, was du Zuhause im Überfluss hast, ist auf Kuba Mangelware, und mit dem Essen und den Lebensmitteln haben sie die größten Probleme. Denn zuweilen können sie diese nur mit Devisen kaufen. Wenn dann aber eine Mutter von zwei Kindern ihren ninos aus Freude, dass sie einen Fremden für 2 Tage (und Nächte) gefun-den hat, ein Eis kaufen will und dafür nur in Dollars bezahlen kann, dann schlägt das System den Cubanos wieder mitten ins Gesicht.

"Der Dollar ist der Tod Kubas", sagt mir Maite, die panische Angst davor hat, sich mit mir in der Öffentlichkeit Händchen haltend zu zeigen. Die Profis dürfen fummeln, die Amateure aber keinerlei Kontakt zu den Fremden haben. Und wenn dich einer verpfeift, wie dies unser linientreuer kommunistischer Busfahrer getan hat, der demonstrativ bei einer Straßenkontrolle einer Streifenwagen-Besatzung auf der gegenüberliegenden Seite angehalten und seinen Freunden über die Straße hinweg zugerufen hat, dass wir ein Bus voller Fremder mit chicas sind, dann passiert halt fünf Minuten später die Kontrolle an seinem Wagen.

Die chicas werden festgenommen, die Tedescos befragt und nach einer guten Weile werden sie wieder frei gelassen. Den Mädchen aber blüht Gefängnis. Denn wehe, sie haben keinen Ausweis, dann sind sie dran. Beim ersten Mal geht es noch mit einer Verwarnung ab und sechs Monaten Bewährung. Beim zweiten Mal drohen bis zu vier Jahre Gefängnis. Der Platz in diesen vor Schmutz strotzenden Häusern reicht bald nicht mehr aus. Das Regime sperrt gnadenlos seine Kinder ein. Und erhöht so beinahe zwangsläufig die Risikobereitschaft. Sie tun es einfach wieder, sie fahren sogar mit den Alemanos 400 km von der Provinz nach Havanna mit, weil sie wissen, dass sich die Deutschen dafür großzügig erweisen werden.

Professionals, 2001, Mischtechnik

Und am anderen Morgen steht dann die Polizei vor der Tür und holt alle aus den Betten, und die Mädchen wandern ab in den Knast. Wo einst in Santa Fe, einem Vorort von Havanna, Ramon Castro mit der 96-jährigen Mutter der Vermieterin noch Revolutionärslieder gesungen hat, ist über Nacht ein ganzer, linientreuer Straßenzug komplett in Verruf raten.

Und mit ihm der Club, der den Fußball liebt und die deutsch-kubanische Freundschaft hochhält und jedes Jahr Fußbälle und Trikots für zigtausende von Euros nach Kuba geflogen hatte. Das war mal ein guter Anfang, aber mittlerweile ist es allemal nur noch eine Entschuldigung dafür, dass die Fremden für ein paar Handvoll Dollar, die sie bislang in den stets wechselnden Provinzen Kubas unter die vornehmlich junge, schöne, weibliche Bevölkerung gebracht hatten, auch ihren Spaß haben wollen.

Ihr Persil-Schein: Damit können die chicas, zumeist ledige, alleine lebende junge Mütter, Wochen oder Monate überleben.

Unser Taxi-Busfahrer hat für zwei Tage anstrengender Fahrt von Havanna in die Provinz gerade mal 1.50 $ bekommen, das Kindermädchen im Kindergarten verdient fünf Dollar im Monat und die junge Angestellte im Hotel, die Reisen verkauft und Tickets zur Show, bekommt zur Uniform bescheidene 15 $ im Monat.

Sie ist liiert, aber noch nicht verheiratet, sie ist noch kinderlos und die große Ausnahme in Kuba. Denn sie liebt ihren Cubano, während die meisten Mädchen sich in die Arme eines Fremden flüchten, den sie aus der Menge heraus – wie ein Adler aus luftiger Höhe seine Beute – mit großer Sicherheit erkennen, zielstrebig ansteuern und erlegen. Weil, so sagte es mir Maite, "die Cubanos nur Machos sind und nutzlose Tagediebe."

Chicas, Mischtechnik

Maite, Mischtechnik

Der Frust der Frauen sitzt tief, aber genauso ausgeprägt ist die Lust auf die Liebe. Sie ist grundsätzlich frei und wird gegeben, mit dem heimlichen Wunsch, dass sie sich auszahlen möge und dass mehr abfällt als nur Brotkrumen vom Teller der Touristen. Wenn du das Glück hast, mit deinem Mädchen auch noch privat umgehen und reden zu können, bekommst du erst einen Einblick in den Alltag auf Kuba, von den zerfallenen Häusern, in dem sie in einem Zimmer zu viert oder fünf hausen, von den praktisch nicht vorhandenen sanitären Einrichtungen und dem gnadenlosen Kampf um das tägliche Überleben.

Und wenn sie dann die Augen schließt beim Küssen, ist das zwar eine ganz normale Reaktion, wie du sie von anderen Mädchen auch gewöhnt bist, aber bei den Mädchen auf Kuba ist es auch das Nicht-sehen-Wollen einer Situation, die sie immer und immer wieder erleben und hassen und zu vermeiden suchen und die sich doch nicht ändern wird, weil sie das Eis für ihre ninos mit den Dollars bezahlen muss, die sie am Morgen danach eingenommen hat.

Und wenn du sie dann in der Nacht neben dir weinen hörst, weil du wach bist und nicht schlafen kannst und dir Gedanken machst über diese schizophrene Situation, und du sie sacht umdrehst und ihr die Tränen weg küsst, dann flüchtet sie in deine Arme und vergisst in der Dunkelheit der Nacht die traurige Schönheit einer Insel, die wohl auf Dauer mitsamt ihren Menschen verkommt, wenn sich nicht bald etwas ändert. Aber das sagen wir jetzt schon seit vielen Jahren.

Doch für die Liebe auf Kuba, die nur dort frei und doch käuflich zugleich ist, bestimmt nur das Leben den Preis.

Der Frust der Frauen, Mischtechnik

Garten Eden, Mischtechnik

Der rote Apfel, Mischtechnik

Der rote Apfel

Du hättest es nicht tun sollen. Der rote Apfel hätte genügt, Gefühle zu zeigen. Stattdessen hast du sie total für dich vereinnahmt, hast sie in alle Planungen mit einbezogen, und das war ihr dann doch zu viel. Wie kann man aber auch ein junges Mädchen, das seine eigenen Interessen hat und eingespannt ist mit dem Aufbau seines eigenen Nestes, so gänzlich vereinnahmen wollen.

Du hast von früheren Fehlern nichts gelernt, auch wenn du geschworen hast, dass du dich gebessert hast und nichts im Schilde führst. Die anderen haben dir das nicht abgenommen, schon gar nicht das, dass alles nur ein Missverständnis sei und nur Teil einer Freundschaft und die ganz große Seelenverwandtschaft. Ja hast du denn nicht mehr alle? Ihr arbeitet doch zusammen! Und du bist ihr Chef.

Aber du bist auch ein Überbleibsel früherer Tage, mögen sie noch so glanzvoll gewesen sein. Der rote Apfel, den du dir angesteckt hast, weil er das volle pralle Leben signalisieren soll, den hat sie dir abgenommen. Mit Äpfeln kannst du bei ihr keinen Staat machen, auch nicht mit goldenen.

Sie ist für reale Sachen und weiß, wo es lang geht und was sie will. Und wenn sie dir den kleinen Finger zeigt und du ihn sogar ab und an erhaschen kannst, ist das nur ein Spiel. Wie das mit Worten, wenn sie dich darin einwickelt, dann weißt du nie, ob sie auch für dich bestimmt sind; vielleicht nur für deine Sinne, um sie noch mehr zu schärfen und zu reizen. Sie umgarnt dich wie eine schnurrende Katze.

Schnurrende Katze, das mag das richtige Wort sein, auch wenn du Augenweide zu ihr sagst, weil sie so hygienisch rein und sauber und frisch und immer wie aus dem Ei gepellt ist. Und über jeden noch so anzüglichen Witz ist sie erhaben. Du könntest ihr nichts zuleide tun, du müsstest sie fortwährend beschützen, und wenn es regnet und die Straßen nass sind, würdest du sie auf den Arm nehmen und über die Straße tragen, damit ihre Füße ja nicht nass werden. Du bist richtig verknallt in sie und spielst den perfekten Kavalier.

Und du hast schon die schönsten Gedankenspiele angestellt und die verrücktesten Träume geträumt und Pläne geschmiedet, und bist doch keinen Deut weiter gekommen. Weil du sagst, dass du es ja eigentlich auch gar nicht willst, weil du vor einer echten Annäherung eher Bammel hast, aus Fucht, nicht mehr zu wissen, wie du vorgehen sollst, aus Angst, Fehler zu machen, die falschen Worte zu finden. Und nicht das Richtige zu tun.

Schnurrende Katze, 1960, Tusche

Du weißt zwar die schönsten Worte, wenn du ihr schreibst, und sie freut sich, wenn du schöne Worte findest; aber wenn ihr euch seht, wirst du rot wie ein Pennäler. Du drehst und wendest dich, wenn du mit ihr redest. Und wenn ihr zusammen zum Mittagessen geht, bist du schüchtern und verlegen; keinesfalls witzig und charmant wie man es kennt von dir, wenn du in Gesellschaft bist. Aber stolz bist du, dich mit einem schönen jungen Ding zu zeigen.

Du möchtest sie gerne küssen, siehst euch in einer innigen Umarmung und stellst dir das alles vorwärts und rückwärts vor. Du denkst dir die tollsten Szenen aus, wie es früher immer war, weil du einst ein Meister der Strategie und der Komplimente gewesen und lieber am ersten Abend unberührt nach Hause gegangen bist, als mit der Tür ins Haus zu fallen. Das hat dir dann beim nächsten Besuch offene Türen eingebracht.

Jetzt hast du Angst etwas zu wagen. Angst vor dem Versagen? Oder vor dem Gerede? Du vergleichst das auf einmal mit dem Tanzen, dass du mit deiner Ex halt eingeschworen warst, eng oder wild zu tanzen. Und anderen bist du permanent auf die Füße getreten.

Du träumst davon, sie zu küssen und hast Angst, dass aus dem Kuss mehr werden könnte. Du könnest es vermasseln, weil du einer neuen Frau vielleicht nicht mehr gewachsen bist, keinen Anreiz mehr bietest, einfach, weil du verdammt unsicher geworden und nicht mehr in Übung bist. Das kommt davon, wenn man immer nur in bekannten Betten herumturnt, jeden Handgriff kennt und nicht mehr gefordert ist.

Aber eine neue Frau, noch dazu eine so junge, eine so schöne, eine so besondere, eine so begehrenswerte, die dich so reizt, weil sie ist wie Lolita unschuldig verführerisch, reizend, reizvoll und hinreißend, die wird dich fordern. Davor hast du Angst. Sie hat alles, was du gerne haben möchtest, aber du fürchtest dich vor dem Versagen.

Denk mal an damals, an Christiane. Die war für dich auch unerreichbar, weil so jung und in so festen Händen. Du hast sie bombardiert mit Briefen und Gedichten und Musik, hast jede Woche eine neue MC bespielt, hast jeden Tag einen Brief geschrieben, hast sie eingeladen und auf viele Fahrten mitgenommen. Und nie ist etwas passiert.

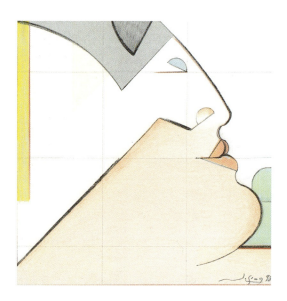

Rein, 1998, Litho übermalt

Schüchtern, 2003, Mischtechnik

Nach einem Jahr war die Stellung reif zum Angriff. Dann habt ihr euch eine ganze Nacht lang nur geküsst, seid am Küchentisch über Eck gesessen – Himmel, wie unbequem – und habt nur geküsst und geküsst.

Und am nächsten Tag oder bei der nächsten Gelegenheit habt ihr es ausprobiert – und du hast fürchterlich versagt. Weil Christiane ein Kondom ausgepackt hat und das war rot und ihr habt gelacht und gelacht und als es dann soweit hätte sein sollen, war nix mehr da.

Bis auf den roten Apfel in der Schale. Da hat Christiane einfach Eva gespielt und dich verführt. Mit dem Apfel im Paradies, oder rollte er erst dorthin, vom Busen abwärts?

Jedenfalls habt ihr ab dieser Stunde euch so geliebt, wie es nur ein verrückt-verliebtes Pärchen tun kann, im Flieger, im Zug, im Auto, im Boot, im Wasser, im Meer, im Wald und auf der Wiese und ab und zu ganz profan im Bett – auf fast allen Kontinenten. Und als sie dann ihre Liebe für die Freundin entdeckte, hast du auch daran partizipiert. Und das war gar nicht mal so schlecht. Aber das ist eine andere Geschichte.

Jetzt holt dich die Erinnerung ein. Hast deiner Augenweide auch die schönsten Briefe geschrieben und Gedichte gemacht und Komplimente en gros und würdest sie gerne öfters sehen als nur geschäftlich oder beim Mittagessen. Würdest auch gerne ihr Freund sein, zumindest vertrauter und öfter in ihrer Nähe sein.

Aber du tust gut daran, dass du dich zurücknimmst und nur in Gedanken spielst und mit Worten, aber nicht die Hoffnung strapazierst, dass es eine Romanze geben könnte von edelster Bedeutung.

Du kannst nur an eine platonische Beziehung denken und wirklich nicht darüber hinaus, an Sex etwa oder Erotik oder an eine Liebelei. Wobei sie gerade durch ihre Reinheit eine Erotik ausstrahlt, die von ihrem Körper ausgeht, weiß und sanft und glänzend wie schönste indische Seide, perfekt wie eine Prinzessin und begehrenswert wie ein Diamant von Tiffany. In dieser Klar- und Reinheit ist sie angesiedelt. Und wird es immer bleiben. Basta.

Sie geht dir nicht aus dem Sinn, du denkst fortwährend an sie und weißt doch genau, dass du sie nie wirst erobern können, nicht mal, wenn sie es wollte. Nein, du würdest nicht angreifen. Sogar aus Angst, du könntest sie in ihrer Reinheit verletzen.

Du könntest sie dir als Spielzeug vorstellen, die Katze, mit der du schmust bis sie schnurrt, das Streicheln in den Schlaf hinein, die Berührung der Hände, wenn die Finger elektrisieren auf ihrer weichen Haut, der Hauch eines Kusses auf die Stirn, auf die geschlossenen Augenlider, auf die Nase, die so frech in die Welt schaut… das ist alles, was du dir erträumst, wenn du mit ihr alleine wärst. Kein Gedanke an Sex oder gar ans Bett. Erstaunlich, mein Alter, dass es so was noch gibt.

Und jetzt hat sie dich angerufen und eingeladen. Zu sich in ihre neue Wohnung, zum Kaffee mit Open End…

Tiffany, 1981, Mischtechnik

Risiko, 1997, Mischtechnik

Kein Kompromiss

Eigentlich, so dachte er sich, sei 40 das schönste Alter, um mit dem Leben Schluss zu machen. Aber sein Leben hatte da erst begonnen. Er hatte erst spät das Glück gehabt, das kleine bisschen Glück, das er brauchte, um Geld zu machen und zu haben. Und er brauchte Geld, um frei zu sein. Freiheit war nun mal immer teurer geworden.

Also rechnete er nochmals und zog einen neuen Schlussstrich unter der Zahl 65. Darauf legte er sich fest, Kompromisse lagen ihm nicht. Das Geschäft mit dem Tod schien einfach. Wenn man sich nichts aus ihm macht, sollte man sich auch mit ihm arrangieren können.

Seit zehn Stunden ist er 65. Er hat seine erste Rentenzahlung angewiesen bekommen: 366,35 Euro. Der Preis der Freiheit liegt weitaus höher. Das ist zum Sterben zu viel und zum Leben zu wenig.

Er geht in die Stadt. Bei Hein frühstückt er ausführlich. Das Bistro ist voll von Frauen, die geschwind von den Büros aus der Umgebung auf einen kleinen Braunen herein kommen. Er nimmt sich sogar noch die Zeit zu einer Partie Billard mit Willemsen. Er gewinnt – Willemsen war merkwürdig nervös. Die Revanche lehnt er ab. Dann geht er zum alten Jörgensen und kauft die Pistole, die er sich dort vor ein paar Jahren hatte zurücklegen lassen. Jedes Jahr war er gekommen und hatte sich erkundigt, ob sie noch da sei. Sie ist es.

Zu Hause liegt ein Brief im Schalter. Er legt ihn ungeöffnet auf den Schreibtisch. Dann holt er aus der Manteltasche die kleine Schachtel, entknotet die Schnur, wickelt diese sorgfältig auf, entfernt die Klebestreifen, glättet das Papier, in das die Schachtel eingewickelt war. Er öffnet vorsichtig die Schachtel, entfernt das weiche Tuch, und nimmt behutsam die matt schimmernde Pistole heraus. Sie läuft sofort an. Er legt sie auf den Tisch und nimmt das weiche Tuch in die Hand. Er wischt seine Fingerabdrücke ab und schlägt die Pistole wieder in das weiche Tuch ein.

Danach studiert er sorgfältig die Bedienungsanleitung. Dann wählt er eine Kugel aus dem kleinen Plastikschächtelchen, wickelt wieder das Tuch auf, legt die Kugeln ein und entsichert die Pistole. Er zielt auf den Namen, der auf dem Briefkuvert steht. Sein Name.

Er nimmt den Brief in die linke Hand, dreht ihn um, findet keinen Absender, dreht ihn wieder um, liest nochmals seinen Namen und die Adresse, die mit einer Maschine geschrieben ist. Der Abdruck der Frankiermaschine ist verwischt, er kann weder den Absender noch den Absendeort lesen.

Er legt die Pistole auf den Tisch, sucht in dem Silberbecher aus New York, in dem Kulis, Scheren und Marker stecken, den Brieföffner aus Elfenbein und schlitzt mit diesem das Kuvert auf. Er zerrt ein zweimal gefaltetes weißes Blatt Papier aus dem Kuvert; sein Blick fällt auf den Schluss eines Satzes "…auf Ihr Los Nummer 3 336 756 der Hauptgewinn von 1 Million…".

Mehr sieht er nicht – er sieht gar nichts mehr. Sein Herz hatte aufgehört zu schlagen.

Himmlische Ruhe

Kennst du dieses Wort in seiner besten Bedeutung? Wenn du direkt unter dem Himmel sitzt, den die Sonne in einem satten Blau strahlen lässt, und aus den Bergen die Stille sich über das Tal legt und du an den jungfräulichen Spuren im Schnee erkennen kannst, dass Gemsen den Weg von den Felsen an den Bach gefunden haben, dann ist sie da, diese Ruhe.

Ansonsten klettern Einheimische wie die Gemsen am Kamm entlang der Spitze des Berges zu, und im Gegenlicht sehen sie aus wie eine Karawane in der Wüste. Nur halt in Weiß.

Du läufst dort oben gemütlich vor dich hin, hast das Tal unter den Füßen und die Loipe vor dir und mit jeder Biegung schraubst du dich höher hinein in den Berg. Unten an der kleinen Kapelle mit dem großen Holzkreuz davor machen Wanderer Rast. An Ostern verstecken sie dort ihre bunten Eier. Der Ausflug ist geglückt, denn zwischen Natur und Stille hatten alle die Gemütlichkeit entdeckt und das "Sich fallenlassen" in die majestätische Gelassenheit der Berge hinein. Selbst der Boss wollte zu keinem Termin gerufen werden, nicht mal zum Abendessen; das hatte er schon in flüssiger Form zu sich genommen.

Die Zeit der Stille war so impulsiv fordernd, dass ich keine Zeit damit verschwenden konnte, was ich sonst noch erledigen wollte. Die Pläne für die Renovierung der Wohnung, das Buch, den Kalender, die Arbeit mit den Amerikanern. Alles unwichtig. Ich dachte nur an den nahenden Tod meiner Mutter, und dass ich ihn mit Gottes Hilfe noch ein Weilchen verschieben wollte,

weil ich ihr noch Freude machen und zeigen möchte, dass ich für sie da bin. Was ich ein Leben lang versäumt hatte, bis jetzt.

In der Einsamkeit der Berge sprudelte ich mein Geständnis heraus, dass ich viel zu wenig getan hatte für das Häufchen Haut und Knochen. Schon wenn du ihr den Arm reichst, musst du Angst haben, sie zu verletzen, von einer Umarmung ganz zu schweigen. Aber sie hat trotz aller Schmerzen und dem Wissen, dass sie sich dem Tod nähert, nochmals Mut gefasst. Denn seitdem sie weiß, dass auch ich wieder in guten Händen bin, will sie diese Augenblicke genießen. Um diese Verlängerung eines ablaufenden Lebens will ich kämpfen, bitten und beten.

Die Momente direkt unter dem Himmel haben mir geholfen, dieses Ziel zu sehen, zu erkennen und auch zu formulieren. Das Wissen, sich selbst treu und sich selbst zu sein, um vor sich und vor Gott zu bestehen, habe ich neu entdeckt. Das Wissen, dass sich Gott Sorgen um dich macht, wenn du von Weg und Ziel abkommst und er dich führt, damit du wieder zurückfindest, kam hinzu.

Wenn dir nämlich klar wird, dass du deine Mutter ein halbes Leben lang vernachlässigt hast, dann bestraft er dich nicht, sondern schiebt dir die Zeit und die Kraft zu, das zu ändern und Versäumtes nachzuholen. Ich will es tun. Von nun an Tag für Tag. Wie es im Gebet von Jabez steht. Anderen Menschen helfen. Allein diese Erkenntnis war die Ausfahrt nach Damüls, in die Ruhe unter dem Himmel, wert.

Geständnis, 1961, Tinte

Im Angesicht des Todes

Ich hab' ein poem geschrieben für sie, das mir die ganzen Tage zuvor nicht aus dem Sinn ging. Im Angesicht des Todes. Der Titel stand lange fest, lange bevor ich das erste Wort, die erste Zeile überhaupt habe formulieren können.

Im Angesicht des Todes war exakt jener Anblick, den sie allen geboten hatte, vom Tod gezeichnet, und gebrochen der Wille zum Leben. Und das Jammern der anderen um sie herum war ihr zu viel geworden. Sie hatte keinen Nerv mehr, dieses Mitleid einzuschlürfen wie zuvor ihre Astronauten-Nahrung. Die hing ihr bald zum Hals heraus.

Bis zu jener Nacht vor dem Muttertag, für den wir sie wieder etwas aufpäppeln und in Form bringen wollten, hatten wir ihre Schmerzen etwas lindern können. Das ständige Übelsein und die Schmerzen in der Leber und im Magen, auf den der Tumor in Übergröße drückte, von Tag zu Tag mehr und nicht mehr zu korrigieren, hatten wir begonnen zu bekämpfen. Mit richtigem, täglich frisch gekochtem Essen und mit einer besseren Dosierung der Medikamente. Und wir schienen das in den Griff bekommen zu haben.

Zuweilen mussten wir doch den Arzt rufen, wenn sie es gar zu wild würgte; und wie das meistens so ist, spät abends, am Wochenende, nach Mitternacht oder an einem Feiertag. Aber wir widersetzten uns seinem Rat, die Dosierung zu erhöhen; im Gegenteil, wir gaben ihr nur dann die höhere Dosis der schmerzstillenden Mittel, wenn es wirklich brannte. Aber wir reduzierten sofort wieder, wenn sie bei uns und ansprechbar war.

In jener Nacht, als sie mit allem kämpfte, was sich gegen sie verschworen hatte, als mir der Engel von der Wand fiel, weil ich das Bild mit einem viel zu schwachen Nagel aufgehängt hatte und ich den Glasrahmen gerade noch mit einer Hand auffangen konnte, kämpfte sie mit den Engeln des Todes, die sich wie die Geier auf ihrer Bettkante versammelt hatten und sich teuflisch über jeden Brechreiz und über jedes lautstarke Würgen aus dem Magen freuten.

Der Tod steht fest, 1961, Monotypie

Aber der Teufel hat diesen Kampf nicht gewonnen, ihn schon verloren gehabt, als ich ahnungsvoll mit dem Bild in der Hand in ihr Zimmer stürmte und hoffte, dass nicht wahr ist, was in diesem symbolträchtigen Moment hätte wahr sein können.

Sie atmete schwer und hielt den kleinen Singengel aus Ton mit dem weißen Gewand und dem offenen Mund in der Hand, den ich an ihr Nachttischchen gestellt hatte. Sie hatte die Augen geschlossen und atmete tief und regelmäßig. Ich klebte ihr die andere Hälfte des Morphiumpflasters auf den Rücken und sie seufzte tief, schlief aber wieder fest ein und hatte das Ganze offensichtlich gar nicht mehr so richtig bemerkt.

Doch am anderen Morgen fragte sie unverhofft, ob das immer so weh tut und so schwer ist, wenn der Tod kommt. Und ich wusste keine Antwort, außer der, dass wir ja unsere Engel hätten, und die würden das Schlimmste schon mildern. Und sie nickte irgendwie verständnisvoll.

Als ich ihr zum Muttertag das poem zeigte und erklärte, wie es zustande gekommen war, da nickte sie auch, aber eher unwissend, was da wirklich geschah in jener Nacht, als sie sich vom Tod verabschiedet und ins Leben zurückgefunden hatte.

Sie wollte meine Worte Lügen strafen, und nichts war mir lieber als das Gegenteil dessen, was ich befürchtet hatte.

Seitdem ist mein Vormittag ausgefüllt mit Wecken und Duschen und Cremen und Pflaster wechseln und Anziehen – "Aber mach mich ja hübsch, es könnte ja Besuch kommen" – und Betten machen und sauber machen und Frühstück machen und einkaufen und Mittagessen kochen – "Aber was Frisches und nicht immer die Reste" – und spülen und wieder sauber machen und sie dann endlich zum Nachmittagsschlaf verführen.

Denn auf einmal ist Königin Mutter wieder mitten im Leben und sieht jeden Fussel auf dem Boden und legt die Handtücher akkurat zusammen und wehe, die Gläser haben einen Fleck von der Spülmaschine. Nur wenn sie sich dann weggedreht hat zwischen zwei und vier Uhr, hab' ich endlich etwas Zeit, meine mails zu lesen und zu beantworten.

Königin Mutter, 1974, Mischtechnik

Aber dann wartet auch schon wieder die Kaffeestunde auf uns, zu der es freitags den frisch gebackenen Kuchen von ihrer geliebten Gertrud gibt, und das Vorbereiten des Abendessens. Denn der Arzt hatte gesagt, dass fünf kleine Mahlzeiten am Tag besser seien als zwei große. Und statt Pudding und Rote Grütze und Quarkspeise gibt es jetzt Braten mit Kartoffelsalat, Linsen und Spätzle, Gaisburger Marsch oder Spargel mit Kräuterflädle. Und Pudding und Rote Grütze und Quarkspeise gibt's auch noch – zum Dessert.
Wir gönnen uns ja sonst nix.

Die Tagesschau sieht sie jetzt gar nicht mehr an seit den vielen Unglücken mit Bus und Terroristen, denn das regt sie auf und lässt sie nachts um ein Uhr die Frage stellen, ob alle gerettet sind und niemand mehr im Schnee steckt und vom Dach würde Wasser eindringen – und sie sitzt schweißgebadet im Bett und weiß nicht mehr, wer sie ist.

Am Morgen danach hat sie alles wieder vergessen und manchmal steht sie schon um halb acht Uhr auf, geht ins Bad, richtet sich selbst und legt sich dann wieder auf die Couch und wartet, bis ich ins Zimmer komme und mich wundere über sie. Und erwartet, dass ich sie eher noch lobe ob ihrer Selbstständigkeit, statt mit ihr zu schimpfen wegen ihres Leichtsinns.

Jetzt muss ich sie wohl doch noch bei Nacht ans Bett binden, weil sie sonst morgens noch früher aufsteht und womöglich mit Gundi's Hund wieder Gassi gehen will.

Sie hat also ins Leben zurückgefunden seit jener Nacht, da sie dem Tod ins Auge gesehen und sich von ihm wieder abgewendet hatte. Und auch ich war dabei involviert, denn wie sonst hätte ich in einem Reflex ein von der Wand fallendes Engel-Bild sehen und mit einer Hand auffangen können, in der Sekunde, in der die Engel des Todes sie verließen und ihr Schutzengel wieder an ihrem Krankenbett Platz genommen hatte – und das mitten in der Nacht zum Muttertag.

Engel des Todes, Mischtechnik

Der Skipper

Eigentlich wollten wir nur segeln. Von Dänemark über die Nordsee nach und durch Schottland und hinunter nach Irland. Und plötzlich wurde es eine Reise mit abruptem Ende und zugleich eine spontane Annäherung an "das (beste) kleine Land der Welt", wie ich es auf den Plakaten in Inverness, dem Eingangstor zum Caledonian Canal, gelesen habe. Ich habe mich in Schottland und die Art, wie sich die Leute geben, schlichtweg verliebt.

Doch lassen wir zuerst den zum Schluss heftigen Parforce-Ritt über die Nordseewellen hinter uns. Die 69 Stunden Nonstop von Thyborön am Ljimford nach Peterhead im Osten Schottlands waren schön und aufregend. Zuerst azurblaues, dann smaragdgrünes Wasser und strahlende Sonne aus blauem Himmel versetzten uns in Karibik-Stimmung, zumal uns zwei Tage lang Delphine begleitet hatten.

Dann kippten Wind und Wetter und mit zunehmendem Schaukeln auch ich, und so mussten der Skipper und seine Frau ihren Hanseaten morgens um vier Uhr bei stürmischer See und Nebel allein in den Hafen von Peterhead steuern, dessen Einfahrt sie erst richtig fanden, als der Hafenmeister wieder das grüne Licht einschaltete und die beiden via Funk an den Steg lotste. Und das um diese Zeit. Welch ein Service.

Zwei Tage Ruhe waren angemessen, und weil es draußen auf See weiterhin stürmte, stand ein Ausflug in den Fischereihafen Fraserburgh mit seinem historischen Leuchtturm als gepflegtes Exponat des Leuchtturm-Museums auf dem Programm.

Dann war Nachtschicht angesagt, jeweils morgens um halb vier Leinen los in Peterhead und Buckie, weil wir wegen des Hochwassers den Strom rund um Schottlands nördlichstes Eck und der Nordküste entlang mitnehmen und nicht dagegen ankämpfen wollten. Wir fuhren in den Tag hinein, allein auf dem Meer. Zur Einfahrt in den Kanal mit der ersten Seeschleuse bei Inverness gab es laut Pilots Bible bestimmte Schlusszeiten. Aber als sich der Skipper per Funk anmeldete, ließ der Schleusenwärter uns mit ruhiger Stimme wissen, dass er "alle Zeit der Welt habe", uns noch in die Seaport Marina hochzuhieven.

Und das tat er dann auch mit der ersten von 29 Schleusen, die in dem von 1803 bis 1822 erbauten Kanal zwischen Nordsee und Atlantik einen Höhenunterschied von rund 30 Metern ausbügeln.
Für den 97 km langen Wasserweg – davon 62 km Seen – zahlt man bei einer reichlich großzügig bemessenen achttägigen Passage 165 Pfund, hat an den Stationen unterwegs kostenlose Anlegeplätze und Nutzung der Duschen und Waschräume sowie genügend Informationsmaterial und alle Unterstützung des stets freundlichen und hilfsbereiten Personals.

Und natürlich gibt es Pubs. Schon in Inverness fängt es an mit dem Clachnaharry Inn, 2002 Schottlands bester Pub des Jahres und seitdem immer unter den Top Ten. Drei pints kosten acht Euro. Man trifft dort fast nur Einheimische und die Segler aus der benachbarten Marina, aber keine Touristen aus der Stadt, weil der Pub halt

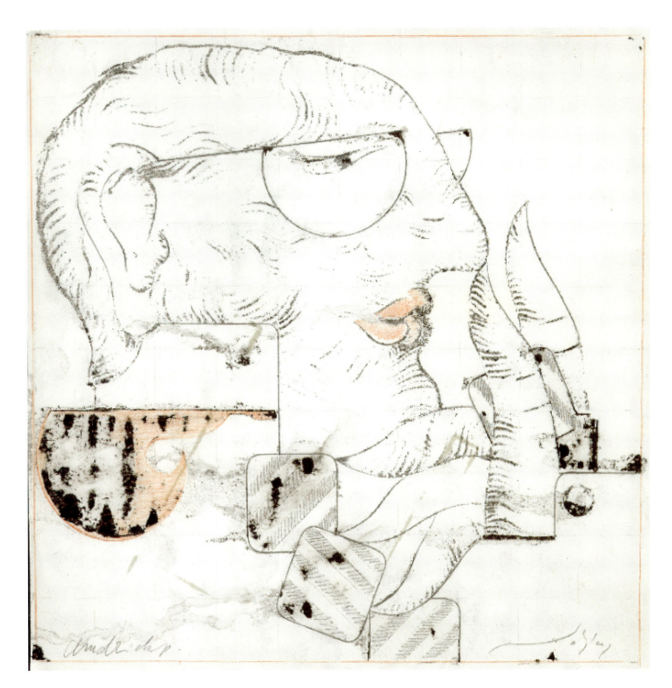

Der Skipper, 1974, Mischtechnik

ein in einem Vorort gelegener Geheimtipp ist. Der Skipper bekommt bei einem Bier den Rat, wegen der hohen Tide nicht an Schottland und Englands Küste entlang in den Süden zu segeln, sondern Irlands Ost-küste entlang. Und, so der Schotte Alan, "ich würde ja sowieso nie auf der englischen Seite segeln." Die Animositäten gehören einfach dazu. Wie jetzt ein neuer Kartensatz. Von Irland.

Von Inverness aus führt ein "staircase" mit vier Schleu-senkammern hinauf ins Loch Ness. Dort ist Segeln angesagt; wir kreuzen bis zum Ankerplatz direkt vor der Ruine Urquhart. Im 13. Jahrhundert eine der mäch-tigsten Festungen Schottlands und heute zu Fuß, mit dem Bus oder dem Schiff ein Wallfahrtsort. Nur besichtigen können wir ihn nicht, weil wohl einer die Luftpumpe zum Aufblasen des Schlauchbootes zu Hause vergessen hatte.

Loch Ness ist vor der Ruine 227 m tief, nach der Ruine gar 233 m. Da kann sich Nessie leicht verstecken.

Fort Augustus am Caledonian Canal an einem Sonntag ist ein von Touristen heimgesuchter Ort. Das merken wir an den steigenden Preisen und der sinkenden Qualität des Essens. Zum Auswandern ist es zu spät, wir sind trotzdem drei Stunden auf den höchsten Berg des Ortes (329 m) gewandert, weil der Ortsprospekt eine herrliche Aussicht über Loch Ness verspricht und hält.

Die nächsten Seen, Loch Lochi und Loch Oich, sowie ihre Verbindungsteile im Canal sind landschaftlich die schönsten. Wir haben bestes Sommerwetter und sehen links und rechts Schottlands grüne Hügel, die weite baumlose Landschaft, die Schaf- und Rinderher-den und entlang des Kanals Wanderer und Radfahrer. Zuweilen fühlt man sich wie in der Toscana, aber anstelle Wein warten oben in den Bergen und den Ebenen der Highlands die Distilleries der berühmtes-ten Whiskymarken der Welt.

Wir haben vor Fort Williams nochmals geankert und das Schlauchboot ausprobiert, das wir mit Hilfe einer ausgeliehenen norwegischen Patentpumpe in Minuten aufgepumpt hatten. An Land können wir nicht, weil es keine Häuser gibt, also auch keine Pubs. Dafür ist die Bucht idyllisch schön und still, und Britanniens höchs-ter Berg grüßt von Ferne letztmalig.

Am anderen Morgen ist Nebel und von Ben Nevis nichts mehr zu sehen. Vor Fort Williams und dem Atlantik hat Neptun sein "Treppenhaus" mit neun Schleusenkammern gebaut. Das war damals, als der Caledonien Canal durch die Berge getrieben wurde, schon mächtig viel und ist heute immer noch mehr, als der Canal du Midi (nur 7) zu bieten hat. Dafür sind dort die Preise weitaus günstiger, aber die Schleusen-wärter längst nicht so hilfsbereit und freundlich wie die Schotten auf den 19 m hinunter zum Meer.

Nahe Nessie, 1962, Tusche

Sagte zu Beginn der neun Etappen der Schleusenwärter am oberen Steg "Es ist einfach nett, wenn man nett ist", so ergänzte unten an der letzten Schleuse zum Atlantik die freundliche Kollegin "Wir Schotten sind halt ein Haufen netter Leute". Dazwischen aber treffen wir einen, der behauptete, dass Beutelsbacher Rotwein der beste sei im ganzen Remstal. Ja, klar, Schwaben trifft man auf der ganzen Welt, und unseren vom Kanal, der schon seit einer Reihe von Jahren versucht, in Schottland sommers und in Südafrika winters der Hektik und Unruhe von Mitteleuropa zu entkommen, gelingt dies dort immer. "Grüßen Sie mir die Heimat." Hiermit getan.

In Fort Williams hat sich der Skipper eine Luftpumpe gekauft. War erforderlich, weil wir dem Schlauchi vor dem Atlantik die Luft abgelassen und es wieder auf dem Vorschiff befestigt haben. War gut so, denn bis Oban hat es kräftig geblasen und zwei kritische Meerengen mit hier oben typischen "eddies" – plötzlich entstehende ziemlich hohe Wellen – also richtige Oschis, sorgten für eine unruhige Fahrt.

In Oban – where the highlands meet the islands – haben wir in der Marina gegenüber gerade noch am Steg einen Platz gefunden. Wir sind mitten in die Ankunft der bis zu 150 Boote aus aller Welt – sogar aus USA und Kanada – geplatzt, die alljährlich an der Classic Malt Rallye teilnehmen, einer Regatta von Oban zu den Hebriden-Inseln Skye und Islay, mit einer Besichtigungstour der Whisky-Brennereien. Sportlich wahrscheinlich wertlos. Aber trinkfest und finanziell gut gestellt muss man wohl sein an diesen 14 Tagen.

In der Wäscherei der Marina ist Hochbetrieb; ich habe mich in die Schlange eingereiht und bin erst nach Mitternacht mit unserer geballten Ladung fertig, habe dazwischen aber von einer Schwedin ihre Reisepläne erfahren; die nächsten zwei Jahre wird sie wohl nicht zu Hause sein: Von Schottland aus geht es in die Biskaya, dann ins Mittelmeer, im November über den Atlantik in die Karibik, im Frühjahr 2006 durch den Panama-Kanal nach Mittel- und Südamerika und 2007 wieder nach Hause. Man glaubt nicht, wie kommunikativ Segeln sein kann.

Die Brennerei in Oban haben wir natürlich besucht. Sie war in vollem Betrieb. Eine der ältesten im Lande aus dem Jahr 1794. Der kredenzte Whisky ist 14 Jahre alt, die Flasche kostet 29.90 Pfund, nicht Euro. Aber wer kommt schon mal nach Oban???

Nach Oban haben wir auf der Weiterfahrt die Brennerei von Bunnahabhain gesehen, aber nur vom Wasser aus, wir haben davor geankert. Direkt neben uns liegen Fischerboote, weiter an Land auf den Felsen ein vor sich dahinrostendes Wrack. Wohl als Abschreckung und Zeuge dafür, dass man sich Zeit nehmen und keine Abkürzungen suchen soll.

Zeit ist beim Segeln ein kostenloses Gut, das man sich nehmen und geniessen muss. Hektisch wird es nur beim An- und Ablegen, was aber wohl von Boot zu Boot verschieden ist.

Apres Malt, 2005, Mischtechnik

Wir umrunden jedenfalls die Insel Islay und ankern bei Port Ellen mit anderen Seglern in einer Badebucht, weil der Hafen voll und nicht schön ist, ebenso wenig wie das Städtchen, wo es keinen richtigen Pub gibt und keine Kneipe zum Essen.

Wir fahren mit dem Schlauchi an den Strand, aber der Skipper muss rudern, weil der Motor nicht mehr anspringt. Es ist wieder Sonntag und die wohl berühmteste Brennerei, die von Ardbeg, hat auf 14.30 Uhr zur Besichtigung geladen und hat ein gediegenes, preiswertes Restaurant von guter Qualität. Das wissen auch die Einheimischen und fahren sonntags regelmässig dorthin.

Wir müssen nur die zwei Meilen von unserer Bucht zum Hafen von Port Ellen laufen und werden dann sofort von einem Einheimischen mit dem Wagen mitgenommen. "You know, it is nice to be nice."

Unterwegs auf den nur drei Meilen passieren wir zwei weitere nicht minder bekannte Brennereien. In der Mitte des 18. Jahrhunderts hatte Islay 24 Brennereien und 20.000 Einwohner, so viel wie heute Schafe. Die meisten Menschen haben die Insel verlassen, weil sie keine Arbeit mehr bietet, trotzdem gibt es heute dort noch immer sechs Brennereien.

Die Schotten und ihr Land verabschieden sich von uns im Sonnenschein. Vor der Bucht liegt jetzt ein großes Kreuzfahrtschiff, auf dem wohl die Siegerehrung und das Festbankett der Whisky-Regatta stattfinden werden.

Da ist es Zeit, Reißaus zu nehmen. Wir verlassen Port Ellen mittags mit der Flut und segeln plötzlich voll im Wind, zum Teil Orkanböen und 28 Knoten Wind im North Chanel zwischen Schottland und Nord-Irland. Vor dem Norden Nord-Irlands liegt die Insel Rathlin; sie sieht mit ihrer langen Frontseite mit bis zu 60 m hohen schroffen Felswänden aus wie eine Festung, als wolle sie das Land vor einem Angriff sichern. Dass mir keiner den Iren zu nahe kommt.

Wir tun es trotzdem, erreichen den nördlichsten Hafen, das Örtchen Ballycastle, und das im Schutze eines Regenbogens, der von der Insel bis in den hübschen Ort reicht. Wir kaufen dort ein und essen an Bord. Irische Steaks. Damit sind wir für den nächsten Tag gerüstet. Leinen los um sechs Uhr, Windstärke 6 und 32 Knoten Wind, herum um die Nordecke und entlang der irischen Ostküste, wie der Schotte Alan es empfohlen hatte. Wir ankern vor Carnlough und essen wieder im Lichte eines Regenbogens die letzten Steaks vom Angus-Rind. Das war ein Sonderangebot: Sechs Steaks für 12 Pfund.

Irland, so vom Schiff aus besehen, hat nicht die großzügige Weite von Schottland, ist eingeteilt in viele kleine Ortschaften, hat viele einzeln stehende Häuser und Gehöfte, ein jedes umrandet von einer bewachsenen Steinmauer. Irland ist, so hat es vom Meer aus den Anschein, in viele Felder eingeteilt. Das sieht dann so aus wie eines von Ludes Hundertfelder-Bildern.

Schottland, Segeln, Whisky, 1962, Monotypie

Die Fahrt nach Carrickfergus, eine der Marinas vor Belfast, ist wieder ruhiger. Die Marina ist ganz neu, modern, sauber und günstig. Der erste Tag kostet 22 Pfund, der zweite nichts. Auch das Städtchen ist ganz und gar gepflegt und die Burg demnächst Schauplatz von mittelalterlichen Ritterspielen. Als wir ankommen, heiratet gerade eine irische Schönheit mit roten Haaren. Und alle sind glücklich und freundlich, der ganze Ort.

Nur in Belfast West und Belfast Nord ist die Luft noch nicht so klar. Zu viele Reste der Vergangenheit, oder wie die Belfaster sagen, von den "troubles". Überall Wandmalereien, Mauern mit Parolen und Kämpfern bemalt, Reste von verbrannten Häusern, Hütten, verkohlte Erde – "This is no rubish" – und auf den Doppeldeckern der Stadtrundfahrt kommt man sich vor wie im Bus in Berlin entlang der Mauer und dem Checkpoint Charly und der hinter Stacheldraht verschanzten amerikanischen Botschaft. Diesen Monat, sagt unser Führer, verlassen die letzten britischen Soldaten die Stadt. In der Zeitung ist zu lesen, dass einige ranghohe Politiker dem Council der IRA den Rücken gekehrt haben. Später erklärt die IRA ihren Krieg mit England für beendet. Vor zehn Jahren war Clinton hier. Es hat also lange gedauert. Aber Geduld zahlt sich aus. Ich bin zu einem historischen Zeitpunkt in Belfast, und ich bin sehr angetan von der Stadt.

Nach dem Ausstieg vom Boot und dem Umstieg in den Zug von Belfast nach Dublin habe ich die Möglichkeit, beide Städte innerhalb von Stunden miteinander zu vergleichen. Von unserer Marina aus mit dem

Bus mitten hinein in Belfasts City – whow, volles pralles Leben, mit dem Flair von Brüssel, Bern oder fast gar Paris. Hübsche Mädchen, nette Touristen älteren Semesters, schöne Geschäfte, aktuelle Mode, etwas teuer zwar, aber nicht überteuert, und gebaut und investiert wird an allen Orten. Beeindruckend.

Mit dem Zug von Belfast mitten in die City von Dublin am Connolly-Bahnhof. Der Schock sitzt tief, zuerst fast nur Penner, dann junge Schüler und Studenten, junge Leute aus allen Ländern, multi-kulti wie New York, aber mehr verkommen. Sorry, es ist so. Auf dem Weg zur Bed & Breakfast-Sektion die "schwarzen" Security-Leute an jedem Laden, jedes B&B verschlossen, Einlass nur gegen Vorzeigen von Ausweis, der Preis mit 50 Euro doppelt so teuer wie unterwegs, und trotzdem ist Dublin übers Wochenende restlos ausverkauft.

Jeder will das überbordende Nachtleben genießen. Rund um die Temple Bar und den Bezirk gleichen Namens gibt es keine Ruhe, Tag und Nacht nicht, von Freitag bis Sonntag ist dort die Hölle los. Temple Bar, das Wort schon paradox, und trotz der Preise – ein pint ca. 5 Euro – die Leute strömen wie zur Wallfahrt.

Eines haben beide Städte gemeinsam: An Ampeln wird bei Rot schon oder noch gelaufen, da bleibt kaum einer stehen. Und wenn es grün wird, steht keiner mehr dort.

Bell-fast, 1995, Mischtechnik

Und dann der gewaltige Schock am Samstagmorgen. Nachdem wir auf unserer Tour alles getan haben, um den Umsatz an Bier zu erhöhen, müssen wir uns wie der "Mirror" fragen, warum das weltberühmte Guinness trotz 1,8 Milliarden Liter pro Jahr oder 10 Millionen Glas am Tag nicht auf der Liste der berühmtesten Marken der Welt vertreten ist. Angeführt von Coca-Cola, Microsoft und IBM, ist Mercedes da als 11., BMW als 16. und sogar Budweiser als 26. vertreten, nur Guinness nicht. Ein Schock für die Briten und für uns. Die ganze Reise war wohl für die Katz.

Nicht ganz. Erfahrungen macht man beim Fahren, Segeln, Pausieren, Sinnieren. Der Skipper ist von Beruf Wissenschaftler. Obwohl in Frührente, von Toleranzen hält er nichts, bis zur fünften Kommastelle wird geforscht. Segeln ist Disziplin und Ordnung, Krümel gehören nicht auf den Tisch, laissez-faire ist unbekannt. Und er ist Schwabe, in Schottland also auf Anhieb daheim. Der Skipper ist einer, der gibt Dir 'nen Schirm, wenn es regnet und sagt: "Mach ihn bloss nicht nass." Dem piling ins Stammbuch: "Take it easy, ein bisserl lockerer geht es auch." Dann hätte es sogar richtig Spaß gemacht.

Am Tag, als vor unserem Boot ein dreijähriges Mädchen ins Wasser fiel und fast ertrunken wäre, habe ich abgemustert. Wir saßen im Cockpit beim Frühstück, haben den Platsch des Kindes aber nicht gehört, erst die Schreie der Mutter, die mit einem beherzten Sprung ins Wasser ihr Kind retten konnte.

Als die ganze Aufregung noch in vollem Gange war, gab mir der Skipper die Anordnung, in meiner Kajüte im Vorschiff das Wasser von der Wand zu wischen, "damit das Holz nicht quillt".

Der Skipper hatte gesehen, dass beim Sprung der Mutter Wasser durch das offene Fenster in meine Kabine gespritzt war.

Gute Reise, Skipper, da kann ich nicht mehr folgen. Ich nehme den Zug nach Dublin. Der Spaß ist mir vergangen.

Sorry Skipper, 2002, Mischtechnik

Der Tod einer Leidenschaft

Man stelle sich vor: Martina spielt den Todesengel. Bote und Überbringer der bösen Nachricht: Nein, Signore, La Donna will Sie ab sofort nicht mehr sehen.

Das Ende der Gemeinsamkeit – und nur böse Menschen haben keine Lieder. Aber hier gibt es welche in Hülle und Fülle, und alle haben sich untereinander doch so unheimlich lieb.

Dabei hatte es gekracht, dass die Fetzen flogen, keiner hat auf den anderen Rücksicht genommen; das Projekt einer großen Idee wurde gnadenlos in der Luft zerfetzt. Und er, der es initiiert und zum Fest eingeladen hatte, war plötzlich an allem schuld.

Sie will, dass er nicht mehr im Team ist, dass das Team sich von ihm löst, ohne dass ein Schatten auf sie fällt. Sie lässt ausrichten, dass seine Annäherungsversuche stören, seine grenzenlosen Träumereien eine Last und seine Liebesbeweise ein Gräuel sind. Man könne nicht mehr atmen und sich frei bewegen, es sei schlichtweg erdrückend. Und sie lässt sagen, sie könne das nicht selbst sagen, aus Furcht, es könne ihn verletzen.

Wie dumm darf man sich eigentlich stellen? Keine Leidenschaft der Welt wäre auch nur einen Cent wert, wenn sie dies klag- und schmerzlos und überhaupt überstehen würde.

Das ganze Gerede von Vertrauen und die Probleme erst gar nicht erst aufkommen lassen, sondern schon in ihren Ansätzen ausdiskutieren und lösen, dieses ganze Geplänkel von Energiefeldern und blindem Verstehen, das gewachsen sei mit der Größe der Aufgabe ebenso wie das Vertrautsein mit der Gedankenwelt des anderen – all dies wurde mit dem Knopfdruck auf die Fernbedienung der Überbringung zur Explosion gebracht und in Schutt und Asche gelegt. Ohne Rücksicht auf Verluste.

Sie musste das noch nicht einmal selbst tun, sie zündelte gemütlich von zu Hause aus die Bombe, als er mit Martina auf dem Weg zurück ins Hotel war. Und der Satz, den Martina noch pflichtgemäß vortrug, jener, dass La Donna ihm unendlich dankbar sei und viel von ihm gelernt und zu verdanken hätte, der klang wie ein Nachruf am offenen Grab.

La Donna, 2004, Mischtechnik

Das Ende, 1961, Monotypie

Die Beisetzung indes fand ohne Leiche statt. Er hatte sich aufgerappelt von dem Tiefschlag und nur die Sympathie und den Geist beerdigt, die ihn bislang befähigten, Großes zu denken und zu tun. Das Gesetz des Handelns hat er sich nicht nehmen lassen, aber anstelle eines wohl früher erfolgten blinden Rundumschlages hat er alle Kräfte mobilisiert, sich zu bändigen und zu mäßigen. Und er hat darüber geredet, mit anderen, die wie er von der Infamie des Vorgehens überrascht und enttäuscht waren. Und er hat mit den anderen analysiert, dass der Job wohl doch zu sehr an ihm genagt und es fertig gebracht hätte, wieder das Macho-Gehabe an den Tag zu legen.

Mit Hilfe dieser Gespräche und mit gehörigem Abstand zum Geschehen, das auch gezeigt hatte, dass Zivilcourage offensichtlich nicht mehr vorhanden oder gefragt ist, ist es ihm gelungen, wieder Ordnung und Ruhe in seine Welt zu bringen. Und er hatte gebetet. Wie man wieder zu sich selbst findet und nicht selbstgerecht wird, weil man vermeintlich viel erreicht hat und doch auf halbem Wege stehen bleibt, weil es das Team, das man sich ausgesucht hatte, nicht gibt als solches. Es sind halt keine elf Freunde, sondern ein Team von Individualisten, jeder auf sich selbst bedacht, nicht mal so sehr auf den eigenen Vorteil aus, aber auf das eigene Image, das zu pflegen die vornehmste und wichtigste aller Aufgaben schien.

Das Gebet, die Demut und der Versuch, herauszufinden, was es bedarf, um glücklich zu sein, haben geholfen. Und die Ruhe zu bewahren. Auch auf dem Papier hat er diese Ruhe bewahrt und in klaren Sätzen das miss-

brauchte Vertrauen, das ungleiche Machtverhältnis dargestellt und das Beispiel des Skorpions erwähnt, der, wenn er ungerecht behandelt und angegriffen wird, sich lieber selbst tötet als sich gefangen nehmen lässt. Und sie hat zurückgeschrieben, sie wolle ihn lebendig.

Doch dazu ist es nicht mehr gekommen. Passion wurde still zu Grabe getragen. Die Leidenschaft eines Sommers wurde beerdigt, noch ehe dieser zu Ende war. Sie ist an anderer Stelle ebenso geräuschlos wie effizient wieder auferstanden. Denn wenn du einmal beseelt bist von einer großen Idee, dann lasse dich von nichts und niemand vom Weg abbringen, sondern führe sie durch mit Begeisterung, Bestimmtheit, Selbstvertrauen – und vor allem mit Leidenschaft.

Wo man singt, 2001, Mischtechnik

Tot oder lebendig, 1999, Mischtechnik

Der Weg war mein Ziel

Es war einer meiner spontanen Entschlüsse. Ich hatte in Madrid im TV gesehen, wie sie in Santiago de Compostela am letzten Tag des alten Jahres die Steinmauer an der Pforte zum Heiligen Jakobus durchbrachen und die Glocken der Kathedrale nicht nur das Neue Jahr, sondern für die Amigos de Santiago auch ein neues Heiliges Jahr einläuteten.

Als wir auf dem Rückflug von Madrid nach Stuttgart nicht wie gebucht mit Lufthansa flogen, weil die einen Maschinenschaden hatten, sondern mit Iberia, und ich im ersten Iberia-Magazin des neuen Jahres die erste Santiago-Geschichte zum Heiligen Jahr entdeckte, war mir klar: "Da will ich hin". Ich zeigte Nena das Magazin und die Doppelseite und sagte: "Ich werde an meinem Geburtstag in der Kathedrale eine Kerze für uns anzünden. Wenn Du willst, treffen wir uns dort."

Und so geschah es. Es gibt nämlich keine Zufälle. Es sind Zeichen am Rande des Weges, die den Unterschied ausmachen. Wir achten nur zu wenig darauf.

Den Weg wollte ich mit dem Rad machen, den Französischen Weg von Pamplona nach Santiago. Mein Freund Herbert hat meine Begeisterung dafür auch kräftig geweckt, er war diesen Weg schon mit einer Gruppe gefahren. Mit den Vorbereitungen begann ich recht spät, so Anfang September. Aber erst als der Pilgerpass von der Fränkischen St. Jakobus-Gesellschaft in Würzburg mit der Nummer 2968/04 eintraf und ich ihn plus Spende bezahlt hatte, fühlte ich mich wie einer, der in eine neue Welt aufzubrechen bereit ist.

Was wir nicht recherchieren konnten, war, ob die spanische Bahn zwischen Bilbao und Pamplona oder in die Nähe von Pamplona verkehrt und ich in diesem Zug auch mein Fahrrad hätte mitnehmen können. Ich wusste, das es aus Deutschland per Bahn oder Bus recht umständlich und teuer war, zum Ausgangspunkt des Französischen Pilgerweges nach St. Jean-Pied de-Port/ Roncesvalles zu kommen. Besser war zu fliegen. Also buchte ich den Billigflug von Stuttgart nach Bilbao, von dort aus würde ich schon irgendwie mit dem Zug nach Pamplona kommen. Aber denkste! Es gab keinen. Also begann ich eine Woche vor dem Flug anstelle des Französischen Weges den Camino del Norte zu planen, der sich lt. Eric Walker's Aufschrieb vom Februar 2001 als "Ruta de la Costa" ausgab, was so auch nicht ganz stimmt. Aber davon später. Während also alle Unterlagen für den Camino Frances zu Hause blieben, machte ich mich mit wenig Plänen auf den Nördlichen Weg.

Mittwoch, 20. Oktober
Nochmals denkste. In Bilbao am Flughafen kam ich erst gar nicht dazu, mich aufs Rad zu schwingen. Denn ich konnte die Reifen, die zum Transport in der Luft ohne Luft sein sollten und die mir die Werkstatt ausgewechselt hatte, nicht wieder mit Luft füllen. Die Pumpe passte nicht mehr auf die Ventile der neuen Schläuche. Und das Pümpchen, das ich bei Aldi gekauft hatte, funktionierte gar nicht. Dem Heulen, aber keinem Ausweg nahe fragte ich einen Taxifahrer, ob er denn wisse, wo in Bilbao ein Fahrradgeschäft sei. Der wusste es. Aber mein Rad und mich und mein Gepäck könne er nicht transportieren.

Ziel, 2003, Bleistift

Also einen anderen Taxifahrer gefragt, weiter hinten in der Schlange; der hatte ein Auto, das uns alle hätte fahren können, aber er kannte kein Geschäft. Er hat dann einen Mercedes-Taxifahrer gefragt, dieser wusste ein Geschäft, und mit Hilfe von einigen Taxifahrern demontierten wir mein Radl und zwängten es zwischen dem Rücken der Vordersitze und der hinteren Sitzbank quer hinein. Satteltaschen, Rucksack und Lenkertasche in den Kofferraum, ich neben den Fahrer, so ging die erste Etappe des Camino los, auf der Suche nach einem Fahrradladen: Es war schon spät, gegen fünf Uhr abends.

Unterwegs nach Bilbao fragte der Taximensch, welche Richtung ich denn wolle und ich sagte ihm, raus aus der Stadt ans Meer, Richtung Castro-Urdiales. Er meinte, dass wir Zeit und Geld verschwenden würden, wenn wir jetzt in der rush-hour nach Bilbao hineinfahren, es sei denn, ich wolle mir die Stadt ansehen. Das hatte ich aber nicht vor, und so stimmte ich zu, dass wir nicht nach Bilbao, sondern direkt nach Castro-Urdiales fahren. Der Taxameter zeigte so 35 Euro, das war zu verkraften. In Castro fragte sich der Taxifahrer nach dem Radgeschäft durch, und direkt neben diesem war sogar eine Pension. Aber an der verschlossenen Tür des Ladens hing ein Schild: "Wegen Urlaub bis 2. November geschlossen." So lange wollte ich nicht warten.

Der Taxifahrer fluchte. Ich hatte noch nie so eine lange Latte von Flüchen gehört; auf was er sich denn da eingelassen habe und zu Hause warte die Frau, mit der er noch Besorgungen machen müsse. Und mittlerweile war es knapp vor halb sechs Uhr. Er fuhr zum Tanken.

Der Tankwart wusste, dass es in Colindres, ziemlich in der Ortsmitte, ein Geschäft gab. Mir blieb keine Wahl. Auf nach Colindres. Dort hatten wir uns schnell durchgefragt, alles klappte viel schneller als in Castro. Mein Taxifahrer hatte es auch eilig. Der Taxameter stand bei 60 Euro. Die Leute im Fahrradgeschäft schauten sich ein Fußballspiel im Fernsehen an. Und nach einer Weile einer mein Rad. Und die Aldi-Pumpe. Und fing an zu lachen. Er sagte, "una pieza rota", auf Englisch "a piece of crab", auf Schwäbisch "A Glumpp". Dann ließ er ganz langsam aus seinem Druckluftschlauch die Luft in beide Reifen und plötzlich hatte mein Bici mit prall gefüllten Reifen einen ganz anderen Status. "Nice bike", sagte der Mechaniker, und nein, kosten würde das nichts. Aber in Colindres gäbe es keine Pension, wir müssten zurück nach Laredo, dort hätte es mehrere, und ein Hotel.

Also Radl wieder demontiert und in den Mercedes verstaut und zurück nach Laredo. Dort hat sich mein Taxifahrer nach einer Privatpension durchgefragt; er hatte es sich in den Kopf gesetzt, mir Geld sparen zu helfen. Er half auch, das Gepäck über die Straße zu tragen, und der alte Mann, der das Zimmer vermietete, hatte es, während ich die Rechnung beglich, nach oben getragen in den dritten Stock. Dorthin verfrachtete ich auch das Radl. Ich habe Nena nie gesagt, was das Taxi kostete, jetzt weiß sie es: 83.70 Euro. Aber es waren meine ersten 70 km auf dem Pilgerweg. Und Gott sei Dank am Anfang, denn nur die letzten 200 km muss man mit dem Rad gefahren oder die letzten 100 km zu Fuß gegangen sein.

Taxi, Mischtechnik

Irgendwie war ich froh über dieses Missgeschick, denn nach Bilbao hinein und aus der Stadt heraus bis hierher, das waren alles nur ineinander verschachtelte Industriegebiete und weit weg vom Meer, hoch auf die Berge, durch die Industrie – kein wirklich schöner Auftakt. So hatte ich ein perfektes Radl und eine gute Strecke gemacht, das hat zwar Geld gekostet, aber: Abgehakt.

Ich ging am Abend noch ins Verkehrsbüro in Laredo und besorgte mir einen wichtigen Führer, den jeder Pilger haben muss, mit allen Caminos in Cantabria, Galicia, Asturias, Pais Vasco, einen Plano general und einen Stadtplan von Santiago. Und natürlich meinen ersten Stempel im Pilgerpass von der lokalen Polizeiwache. Nebenan in der Bar, wo an zwei Tischen alte Männer Karten spielten und der Rest dem Ende des Fußballspiels zuschaute, genehmigte ich mir einen Fino. Der erste Tag war prächtig gelaufen. Pro Kilometer etwas mehr als einen Euro.

Donnerstag, 21. Oktober
So viel hatte ich eigentlich nicht im Budget. Da ich am Vorabend das Abendessen eingespart und das Frühstück um die Ecke in der Bar nur 2 Euro gekostet hatte, lag ich dann doch wieder im finanziellen Fahrplan.

Bei Santona machte ein Fischer das historisch erste Bild von mir und meinem Bike, das mit zwei roten Sattel-, einer beigen Lenkertasche und einem pink-grünen Rucksack ziemlich bunt und auch ziemlich schwer beladen war. Ich habe es an allen wichtigen Stellen fotografiert, falls die Mädels im Pilgerbüro von Santiago nach einem glaubhaften Bildbeweis fragen sollten. Denn den Stempel kannste ja fast überall kriegen.

Von Somo aus bin ich mit der Fähre nach Santander gefahren worden, das hat rund 20 Straßenkilometer eingespart und nur 6 Euro gekostet. In Santander fühlte ich mich heimisch. Nicht nur, weil die Autos ein S im Kennzeichen haben, sondern weil ich damals mit Nena eine herrliche Zeit hier verbracht hatte. Auf der Suche nach der Polizeistation begleitete mich ein älterer Herr zur nationalen Polizei; er bot sich an, auf mein bici aufzupassen. Am Bürogebäude erklärte er dem uniformierten Polizisten an der Tür, dass ich einen Stempel brauche. Dieser schickte mich in den zweiten Stock und bedeutete mir, indem er den Zeigefinger an sein linkes Auge legte, dass er auch auf mein Rad aufpasst. So kam es, dass in Santander zwei Polizisten mein Gepäck bewachten, während ich mir den seltenen Stempel der Polizeipräfektur der Provinz Cantabria im Oficina de Denuncias holte, dem Büro, in dem man ansonsten Anzeigen erstattet. Daher der Name.

Der Weg ist das Ziel. Das ist das Motto des Jakobsweges. Es klingt vielleicht un poquito loco, ein bisserl verrückt, jedenfalls unerklärlich, denn sobald du auf dem Weg bist, wenn du die gelbe Muschel auf blauem Grund leuchten siehst, geht alles viel einfacher, viel leichter. Du bist in ständigem Zwiegespräch mit dem lieben Gott, lässt ihn an deinen Gedanken und Plänen teilhaben, an deiner Dankbarkeit über die Sonne, dem Leid, wenn es mal wieder den Berg raufgeht, oder der Freude, wenn du auf Menschen triffst, mit denen du reden kannst.

Zeichen, Mischtechnik

Unterwegs an einem Berg hab' ich einen Schweizer getroffen, der ähnlich schwer beladen aus der Gegenrichtung kam. Er kam rüber zu mir und gab mir den Tipp für ein Refugio kurz vor Torrelavega; in der Bar von Guin an der Unterführung der Autovia gäbe es dazu den Schlüssel. Ich sagte, ich hätte die Absicht, noch bis Santillana del Mar zu kommen. Dann sprach er über San Vincente; er meinte, oben bei der Kirche im Dorf sei auch ein Refugio mit zwei Betten, das sei sehr hübsch. Aber auch das war nichts für mich, denn in San Vincente wollte ich schon um die Mittagszeit sein und das sei ein bisserl früh für die Quartiersuche. Der Schweizer wollte in Richtung Santander und dort Quartier machen. Er kam aus Santiago und sagte, die Stadt sei richtig voll.

Ich hab es bis Santillana del Mar geschafft, aber die letzten Kilometer waren schwer. Von Torrelavega ging es nur bergauf. Wer geglaubt hatte, dieses Santillana liege wegen des Zusatzes del Mar am Meer, der sah sich getäuscht. Das Meer sieht man nur auf Postkarten mit sehr langem Zoom. Nach 85 km war ich dann an einem Hotel direkt am Ortseingang und traf im Garten zwei Engländer, die mit Mountainbikes einen Tagesausflug von Santander aus gemacht hatten.
Sie jammerten auch über die vielen Berge. Von wegen Küstenstraße...

Freitag, 22. Oktober
Von Santillana mit seinen engen Kopfsteinpflastergässchen aus dem Mittelalter ging es gleich wieder in die Berge. Mit 75 km und einer späten Ankunft in Bricia, kurz vor Llanes und kurz vor Dunkelheit im einzigen Hotel im Dorf, war dies ein langer Tag. Der Sohn, der an der Bar drei Kumpels bediente, sagte, den Preis würde die Mama machen. Das Zimmer war sehr klein und schlicht und weil ich nach acht Stunden im Sattel noch zu müde war zum Duschen, schaltete ich den Fernseher ein und sah live aus Oviedo Kronprinz Felipe, der ja Principe de Asturias ist, mit seiner Mutter und seiner bezaubernden Frau im schwarzen Mercedes vor dem Theater vorfahren – zur Verleihung der Grand Premios de Asturias. Damit werden Persönlichkeiten in verschiedenen kulturellen und wissenschaftlichen Disziplinen geehrt, ebenso wie auch Medien, Mediziner und Institutionen.

Beim Vorstellen prominenter Gäste war auch ein Vertreter der Amigos de Santiago vorgetreten – nicht ohne Grund: Es gab einen Preis für die hervorragende Arbeit im Sinne der Hoffnung, des Glaubens und der Völkerverständigung für die kirchlichen und institutionellen Führer und Freunde des Camino de Santiago de Compostela. Zehn Leute, darunter der Bischof, wurden vom Publikum begeistert gefeiert. Sie trugen den purpurnen Umhang mit der gelben Jakobsmuschel – und ich sah das live und nur 100 km von Oviedo entfernt! Es gibt keine Zufälle.

Gepflegt, 1961, Tusche

Später im Hotel stellte mir die Mama zum Menu del dia für 7 Euro eine halbe Flasche Rotwein auf den Tisch, und das Schnitzel ist dreimal so dick wie gestern im Dreisterne-Hotel in Santillana, wo nur die Panade dick war. Und da soll man dann über die Berge kommen, die es auf dieser "Küstenstraße" so häufig gibt. Die Küste sieht man meistens nur von oben. Und um den Überblick zu haben, muss man halt immer wieder bergauf. Die # 634 und # 632 von Bilbao bis Baamonde sind kein richtiger Pilgerweg, auch wenn alle Kilometer das blau-gelbe Zeichen auftaucht. Ein LKW am anderen, der Lärm ist nur für Sekunden unterbrochen. Du wirst vom Verkehr getrieben; von Erholung, Ruhe und Entspannung keine Spur. Und von Besinnung bist du so weit entfernt wie die Straße vom Meer. Auf der alten Bundesstraße mit dem kleinen "a" geht es in vielen Serpentinen Berg rauf, Berg runter, ran ans Meer, weg vom Meer, und im nächsten Dorf wiederholt sich das ganze. Freilich ist die Natur dort noch oder wieder Natur pur und du bist auf dem echten Camino und fährst urplötzlich wie in Colombres mitten in ein Wanderparadies und siehst mit Erstaunen ein azurblaues Prachtgebäude, ein Museum für indianische Völkerkunde. Das hättest du hier oben nicht erwartet.

Heute ist der dritte Tag. Ich hatte am Ortsausgang von San Vicente de la Barquera ein Schild gesehen mit den km-Angaben zu den verschiedenen Paradores auf der Strecke. Nach Vilalba zum Beispiel waren es noch 368 km; für mich zu diesem Zeitpunkt wie ein Schock. Da soll ich hin, und das ist noch nicht mal das Ende! Ich bin ja jetzt schon kaputt und nach dem Mittagessen längst nicht reif für die Berge. Für die Gambas hatten wir einst fünf Euro bezahlt. Jetzt waren es acht Euro für acht Stück, das hat für den Anstieg gleich nach dem Dorf nicht wirklich Kraft gebracht.

Ich hatte ausgerechnet, dass ich für die nächsten sieben Tage mindestens 60 bis 70 km würde fahren müssen, um einen Tag vor meinem Geburtstag in Santiago zu sein, und die Berge standen mir ja noch bevor. Am Samstag sollte es laut Wetterbericht 28 Grad geben, ich würde in Kurz fahren können. Für den jetzt schon wunden Po hatte ich eine Dose Atrix gekauft. Es gab in Bricia nicht nur nur ein Hotel, sondern auch nur einen Supermarkt, und der hatte nur diese eine Handcreme.

Samstag, 23. Oktober
Aber sie hat geholfen. Oder die Kerze, die ich am morgen in einer kleinen Kapelle an der Straße nach Nueva Llanes angezündet hatte. Ich sitze in Gijon in einer Sidreria bei patatas con carne, dem volkstümlichen Eintopf dieser Region, und lasse den Tag Revue passieren. Die Stadt ist voll von Jugendlichen, die sich ausgehfein gemacht haben. Bei 23 Grad um neun Uhr abends wird an der Strandpromenade, eine der schönsten in Spaniens Norden, gebummelt, geflirtet und geliebt, was das Zeug hält. Morgen soll es regnen, da kann man ausschlafen.

Ich hatte heute Kilometer vorgefahren, mit 91,3 die längste Etappe. Aus der Not heraus. Irgendwo in den Bergen hab' ich eine Flasche Sidra getrunken, was mich bei 27 Grad zuerst schläfrig und dann trunken machte, und das 25 km vor Gijon, mit heftigem Rauf und Runter. Weil ich in den vielen kleinen Dörfchen

Andacht, 1962, Wachsstifte

zwar das Camino-Zeichen fand, aber weder Hotel noch Pension oder Refugio, musste ich bis Gijon fahren. Das ist eine Lehre aus dieser Reise: Entweder man sammelt die Adressen vorher und man fragt sich bei den Einheimischen durch – oder man fährt auf Risiko. Von den Orten, die unser englischer Freund Eric Walker auf seiner webpage angeboten hatte, habe ich kaum einen gefunden. Und wenn mich nicht das hübsche Mädchen im Verkehrsbüro des schönen Fischerdorfes Ribadasella mit einer Karte der Region versorgt hätte, wäre ich auch nicht auf den Berg über dem Ort gekommen und hätte nicht die Australier getroffen, die zu Fuss einen Tagesausflug nach San Pedro machten und am 30. Oktober auch in Santiago sein wollten. Sie sind mit dem Auto unterwegs und laufen pro Tag jeweils bis 20 km. Ansonsten wohnen sie in Hotels.

Ich erreichte Gijon gerade noch bei Tageslicht. Im selben Stadion, das uns noch in wenig guter WM-Erinnerung ist, fand auch wieder ein Fußballspiel statt, so dass ich die dort postierte Polizei nach einem günstigen Hotel fragen konnte. Ein Polizist ging sogar an seinen Streifenwagen und holte mir eine Karte von Gijon und erklärte mir den Weg in die Innenstadt entlang der prächtigen Promenade. Unterwegs sah ich einige Schilder von Privatpensionen, so dass ich beschloss, diese Chance zu nutzen. Für ganze 12 Euro Übernachtung, natürlich ohne Frühstück. Das nahm ich am Sonntagmorgen – wie angekündigt bei Regen – in einer kleinen Bäckerei mit Stehcafe ein.

In den Bergen, 1962, Wachsstifte

Am Meer, 1962, Wachsstifte

Sonntag, 24. Oktober.
Einen halben Ruhetag wollte ich mir gönnen und
Marscherleichterung aus Gijon heraus nach Aviles auch,
weil die Strecke eh nur durch Industriegebiet führte
und es heftig regnete. 22 km im Bus waren für die Moral
erforderlich. Denn die Carretera 632 wird auf einmal
Autobahnersatz; der Verkehr schleppt sich meist ein-
spurig durch und über die Berge – über viele Brücken
und Viadukte. Gott sei Dank ist Sonntag, Laster sind nur
wenige unterwegs. Ich habe mich für Cudillero entschieden. 20 % Gefälle hinunter ans Meer. Mit jedem
Meter, den ich abwärts fuhr, habe ich mir geschworen:
den Berg schiebst du heute nicht wieder hinauf.

Im Dorf, das hineingeschnitten ist in die Felsen und
so malerisch, dass sonntags Tausende von Touristen
einfallen, fand ich in einem zauberhaften alten Haus
ein modern eingerichtetes Hotel mit Heizung, um
meine nassen Trikots zu trocken und genügend Zeit,
durch das Dorf zu schlendern. Ich gönnte mir am
Abend ein Essen im Lokal des Hotels, das ich mittags
bei der Ankunft voll besetzt sah, trotz der hohen Preise.
Aber im Dorf bei meiner Fino-Runde durch die Bars
hatte ich gehört, dass dies das beste Restaurant im Ort
sei und Leute aus Gijon, Oviedo oder sogar Ribadeo
zum Essen hierher kommen.

Montag, 25. Oktober
Die Dame im Verkehrsbüro in Cudillero gab mir gerne
den Stempel und den Rat, mit dem Rad auf der anderen Seite des Dorfes den Berg zu erklimmen, dort
käme ich wieder auf die Hauptstraße. Also schob ich
mein bici den Berg hinauf und war dann weiter oben

wieder auf meiner "geliebten" # 634. Hier, noch in
Asturias, führt die alte 634a über das Hochland,
in die Täler, auf die Höhen; Kurve um Kurve musst du
dir deinen Weg erkämpfen. Dem Wanderer oder Biker
erschließen sich auf diesem Stück Camino die schönsten Eindrücke, und man fühlt sich frei, dem Himmel
ein Stück näher und von der Natur verwöhnt. Statt
Motoren hört man die Vögel und statt auf schmalen
Randstreifen voll mit Scherben fährt man über Kastanien.
Als Biker sollte man sich nicht zu sehr auf die Weg-
beschreibungen und die gelben Pfeile verlassen.
Ehe man sich versieht, gerät man auf unpassierbare
Waldwege, wo es besser ist, abzusteigen und wieder
zur Straße zurückzukehren.

Diese ist nun mal die beste Alternative im Oktober,
denn trotz der Hinweisschilder auf Refugios, viele sind
zu dieser Jahreszeit schon geschlossen oder ungemüt-
lich kalt, weil seit Tagen kein Pilger mehr übernachtet hat.

116

Geschafft, 1960, Tusche

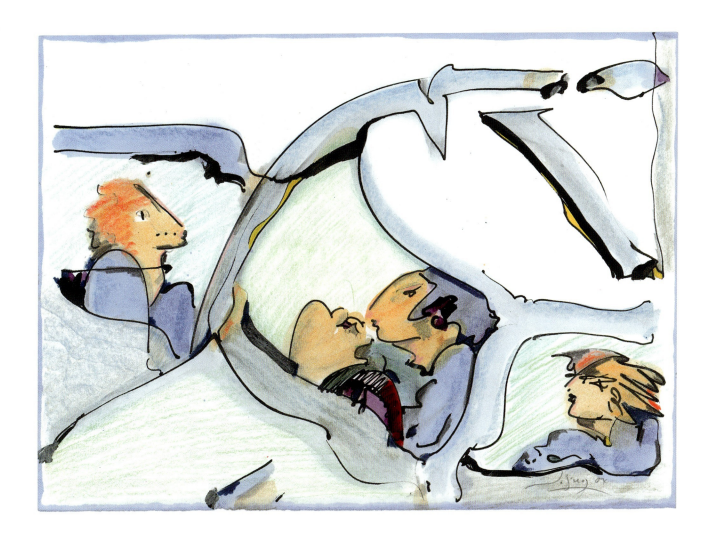

Unterwegs, 2004, Mischtechnik

Hier oben auf dem Hochland an der via classico gibt es zwar viele Dörfer, aber wenig Unterkunft. Da kann man auf der Suche nach einem Bett, vor allem, wenn es spät ist, doch schon mal ein Fiasko erleben.
Das blieb mir in Ribadeo erspart. Das Hostal "Galicia" signalisierte, dass es im ersten Städtchen in Galizien liegt und nicht mehr in Asturias.

Dienstag, 26. Oktober
Sonne, 12 Uhr mittags, über 500 m hoch, vereinzelt Orte, keine Wegweiser, kein Camino-Zeichen, eine Kreuzung, viermal das gleiche Schild zurück nach Ribadeo, woher ich gekommen war, aber kein Schild nach links, keines nach rechts. Bauarbeiter, die Leitplanken einwuchteten und in der letzten Kurve einen 5 qm grossen Ölteppich hinterließen – natürlich ohne jegliches Warnschild – wussten nicht viel zur Routensuche beizutragen. Ja, irgendwo dahinten komme man wieder auf die Carretera. Mensch, wenn du dich hier verfährst, siehste aber alt aus.

Und weh täte es auch: Mein Schnitt beträgt 10 km die Stunde und wenn ich laufe, gerade mal 4,5 km. Bei Vilademar, das auch nicht am Meer, sondern in den Bergen liegt, sagte mir eine Dame, die ich nach dem Weg nach Villanova fragte, in beinahe bestem Schwäbisch: "Noch ein bissele gradaus und dann oben am Berg, siehst Du die Kirche da, dort ist die Straße nach Villanova". Ihr Mann hatte jahrelang beim Daimler in Sindelfingen gearbeitet! Die Welt ist klein, der liebe Gott schickt mir die rechten Leut' für eine dringend benötigte Auskunft.

In Vilanova de Lourenza, das eine wundervolle Kirche hat, gab es auch keine Karte vom Camino. Schon in Ribadeo hatte ich ein Fiasko erlebt. Das Verkehrsbüro war abends um halb sieben schon zu und morgens um 11 Uhr noch nicht auf. Für Galizien keine gute Visitenkarte. In Mondonedo wurde ich dafür bestens bedient. Nahe der Kathedrale war ein Hostal, in dem ich mittags um vier Uhr noch ein Menu mit Makkaroni, Fisch, Flan und Wein und Wasser bekam und wo ich meine nassen Sachen trocknen konnte.

Der liebe Gott und die Amigos mögen mir verzeihen und nicht böse sein, aber als Radfahrer, der sich bei der Ankunft am Ziel nach einer heißen Dusche sehnt und viel Platz braucht, seine nassen Klamotten aufzuhängen, wird man das bisschen Annehmlichkeit eines Pension- oder Hotelzimmers den Gesprächen mit Pilgern aus aller Herren Ländern in einem Refugio vorziehen – zumindest in der kühleren Jahreszeit. Im Sommer, wenn alles luftgetrocknet werden kann, ist das anders. Deshalb fahre ich den Camino nächstes Mal im Früh- oder Spätsommer.

Die Kathedrale in Mondonedo, der wuchtige Altar und die beidseitig angebrachten Orgeln haben mir imponiert, und die Gässchen um die Kirche waren authentischer als das touristisch herausgeputzte Santillana del Mar. Nach dem guten späten Mittagessen beschließe ich, im Zimmer zu vespern. Ich kaufe mir Rioja, Trauben und etwas Schinken und in der Bar "El Peregrino", wo ich mir natürlich den Stempel geben lasse, ein Brötchen und mache so essenderweise meinen täglichen Aufschrieb. In beiden TV-Programmen kommt

Zu Hause, 1962, Wachsstifte

scheußliches Wetter... viel Regen, Kälte und sehr starker Wind – in den Bergen zum Teil als Orkanböen. Und wo bin ich? Mittendrin in den Bergen. Wer im Oktober diesen Weg macht, kann an der Küste mit 20 bis 25 Grad rechnen, in den Bergen kann die Temperatur schnell sehr tief runter in die Region um 10 Grad fallen, bei Wettereinbrüchen sogar noch tiefer.

Mittwoch, 27. Oktober

Vor einer Woche bin ich angekommen, sieben Tage später wird der Camino Norte zur großen Herausforderung, und das bei einer Etappe von nur 35,5 km. Dafür Kälte und ein heftiger Sturm und 12 km Anstieg zur 590 m hohen Porto de Xesta. Auf den Abfahrten musste man ob des Gegenwindes in die Pedale treten, auf den Geraden oft absteigen, weil die LKWs, von denen manche sehr nahe am maximal ein Meter breiten Randstreifen gefahren sind, mich mit ihrem Fahrtwind fast vom Rad geblasen hätten. Ich hatte manchmal richtig Angst und oft geflucht. Wenn du hier umfällst, bist du tot. Ich will aber nach Santiago.

Nach Vilalba führt die # 634 über weite Strecken schnurgerade, manchmal konnte man kilometerweit sehen, ein Fressen für den Wind. Gerade als ich in das Dorf einfahre und das Camino-Zeichen sehe und das Zeichen für ein Parador-Hotel, das ich vor 368 km in San Vicente fast noch als unerreichbar betrachtete, kommt ein Regenguss, dem ich nicht mehr entrinnen kann. Den ganzen Tag über hatte ich vermieden, in den Regen zu fahren, habe meinen Weg nach dem blauen Band am Himmel gesucht und einen Unterstand, wenn es zu regnen anfing. Hab' in Bushaltestellenhäuschen

oder Tankstellen meine Radwäsche gewechselt und Schutz gefunden – und jetzt erwischt es mich kurz vor der Ankunft doch noch voll. Da wollte ich nicht nur von einem schönen warmen Zimmer träumen, sondern eines haben...

Im Parador Vilalba gibt es noch Zimmer und sogar Ermäßigung für Pilger. Statt 87 nur 65 Euro inkl. Frühstücksbüffet. Der Mann am Empfang erzählt mir, dass er im Oktober den Camino sogar schon mal bei Schnee gemacht hätte und dass das Wetter in den nächsten Tagen noch schlimmer werden würde. In der Garage gibt er meinem bici Platz Nummer Eins, das Zimmer ist wie eine Suite, und meine nasse Wäsche bedeckt den ganzen Boden.

Auch heute morgen in Mondonedo war meine Wäsche wieder trocken und warm, und beim Bezahlen erlebte ich eine weitere Überraschung, denn der Wirt machte einen tollen Preis: Zum Zimmer (20 Euro) kamen für das wirklich gute Menu mit Wein und Wasser sowie dem Frühstück nur noch 9 Euro hinzu – der Mann hatte nicht nur ein Herz, sondern offensichtlich Mitleid: Zum Abschied sagte er, dass es ab jetzt nur noch bergauf ginge. Dem war so....

Ich will jetzt nicht spekulieren, dass mir bei diesen 35,5 km heute alle Sünden der Vergangenheit eingefallen sind und ich nach den Strapazen mit der Vergebung dieser Sünden rechne, wenn ich heil in Santiago ankomme, weil ich dies dann ja auch redlich verdient hätte. Nein, so soll man das nicht sehen. Das wird ja noch mit dem lieben Gott zu besprechen sein, ob

Fürstlich, 2005, Mischtechnik

einmal Santiago schon der Erlass aller Sünden bedeutet. Ich will ja auch gerne wiederkommen, aber nicht, um auch noch einen Restbestand zu tilgen, sondern einfach, weil mich dieser Weg und diese Reise fasziniert. Und es kommen ja auch immer wieder neue Sünden hinzu....

Nein, also zerknirscht war ich nicht wegen Wind und Wetter. Ich habe die Zähne zusammengebissen, mich für jeden Sonnenstrahl bedankt und dafür, dass der Sturm wieder für eine Minute nachgelassen hat und ich eine Bar fand, die Claudio hieß und in der ich mich aufwärmen konnte. Und ich war natürlich der Fügung dankbar, dass ich keinen Zug nach Pamplona gefunden hatte; denn allen Ernstes, bei diesem Sturm die dort

viel höheren Berge mit dem schweren, zum Teil unnützen Gepäck zu bewältigen, das hätte ich nie geschafft. Auch dies war ein Wink des Himmels.

Und von hier habe ich immerhin auch noch 100 km bis Santiago. Jetzt muss ich Gas geben, notfalls auch in der Dunkelheit fahren. Vor 9 Uhr wurde es hier nie hell und mit Frühstück und Packen und so bin ich nie vor 11 Uhr losgefahren. Es wird schon werden. Ich habe Zuversicht. Auch die habe ich auf diesem Weg gelernt.

Donnerstag, 28. Oktober
Am Abend in der Ortskneipe Bar Cafe Real, die mir die perfekt Englisch sprechende Chefin des einzigen Hotels am Ort empfohlen hatte, war die Welt wieder in Ordnung, in Sobrado de los Monxes. Eine dampfend heiße, köstlich hausfraulich zubereitete Hühnerbrühe-Nudelsuppe, auf der die Fettaugen beinahe über den Tellerrand schwappten, ein perfekt gegrilltes Schnitzel nature, das dann wirklich beidseitig über den Teller hing, eine Flasche Rotwein auf dem Tisch, ein Flan und herrlich frisches Bauernbrot – und das alles für sieben Euro. Es war nicht nur wegen eines winterlich kalten Regentages auf dem Camino das beste Essen, das ich auf dieser Reise hatte, es war der beste Abschluss des vorletzten Tages vor dem Ziel, weil zum Essen der Kanarienvogel mit seinem Gesang den Fernseher übertönte und sonst niemand im Lokal war, der meine Ruhe hätte stören können.

Ich war allein mit mir und einem guten Essen in Sobrado, das ich nach 62 regnerischen Kilometern von Vilalba erreicht hatte, bekannt durch seine Kirche und dem

Zuversicht, 2004, Mischtechnik

Ort des Friedens, 1962, Wachsstifte

Kloster Santa Maria aus dem 10. Jahrhundert (und jetzt auch durch sein Cafe Bar Real). Im gelben Radler-Regencape war ich am Paradores gestartet, im Regen in einen grau verhangenen Himmel hinein. Als ich mich später freuen wollte, dass aus diesem trostlosen Grau nach einer Stunde doch wieder blauer Himmel zum Vorschein kam und mich hoffen ließ, dass ich nur diesem blauen Streifen folgen musste, um trocken zu bleiben, hatte ich die Rechnung ohne die Wetterfrösche gemacht.

Zweimal waren Tankstellen die letzte Rettung vor einsetzenden Gewittern. Einmal war es mittags eine Bar, in die ich gleich zweimal zurückkehrte, weil ich nach einem halben Kilometer wieder reumütig vor dem nächsten Gewitter in die warme Stube flüchtete. Und einmal war es in Guitiriz sogar ein Friseursalon, den ich gerade noch erreichte und wo mir die Angestellte Asyl gewährte, bevor die später dazugekommene hübsche Chefin mich nach meinen Deutsch-Sprachkenntnissen befragte. Sie dachte, ich sei ob meines amerikanischen Radtrikots "El Americano".

Deutsch deshalb, weil ich, als der Regen aufhörte und ich vom Postbüro zurückkam, von der Angestellten wieder in den Salon gewinkt wurde. Die Chefin stellte mir Bruno vor, 13 Jahre jung und perfekt deutsch sprechend. Er kam vor einem Jahr mit seinen Eltern aus der Schweiz hierher in ein Dorf am Ende der Welt mit einer zwei km langen Hauptstraße, an der sich das Leben abspielte. Bruno erklärte mir den Weg und die Chefin sagte Vaja con Dios.

Apropos Post: Sie lag direkt gegenüber und ich suchte seit Tagen Marken für die Karten, die ich schon lange geschrieben hatte. Das junge Fräulein am Schalter gab mir nicht nur diese, sie verteilte kostenlos genügend von den Sonder-Postkarten der spanischen Post als Sponsor des Heiligen Jahres. So konnte ich allen Freunden zu Hause die freudige Botschaft übermitteln, dass ich den Weg gemacht hatte.

Den sechsten und letzten Unterschlupf des Tages suchte ich unter dem Balkon eines Bauernhofes. Als später im Donner die Bäuerin dazukam und mich vor den Gewitterwolken fotografierte und nach dem Ziel fragte, lachte sie, als ich ihr erklärte, dass ich nach Sobrado wollte. "Da sind Sie falsch, Sie hätten im Dorf abbiegen müssen." Aber ich bin doch abgebogen.

Gruss nach Hause, 1982, Bleistift

Chefin, 1981, Mischtechnik

"Ja, aber in die falsche Richtung. Nach Sobrado führt diese Straße nicht, sondern auf direktem Wege nach Santiago." Die # 634 lässt mich wohl nicht los, aber ich wollte ja nicht direkt nach Santiago, sondern auf den französischen Camino und dort endlich Pilger treffen. So musste ich halt zurück, glücklicherweise nur drei Kilometer, und im Dorf die ausgeschilderte Straße nach Sobrado nehmen.

Endlich Ruhe, keine Autos, keine Laster, noch zwölf Kilometer. Es wurde schon dunkel, und es begann wieder zu regnen. Meinen Bedarf an Tankstellen hatte ich an diesem Tag schon verschlissen, es kamen keine Dörfer mehr, keine Häuser, es gab nur noch Kälte und Regen und auf einer Anhöhe Schnee. Dort hatte ein Gewitter zuvor Hagelkörner auf die Erde gefegt, die jetzt als kleine Schneehaufen zurückgeblieben waren.

Obwohl ich dreimal von innen nass geworden war und so oft auch Wäsche gewechselt und jetzt nichts mehr Trockenes anzuziehen hatte, gab es genügend Sonnenstrahlen an diesem Tag: Der Deutsch sprechende Bruno, die hübsche Chefin, die herrliche Wolkenstimmung vor dem Gewitter, der Hinweis auf den richtigen Weg, die kostenlosen Postkarten, am Abend die warme Heizung im Hochzeitszimmer im einzigen Hotel am Platze, 30 Minuten heiße Dusche, der Tipp mit dem Lokal, das herrliche Essen, der Kanarienvogel – das waren alles Zeichen, die mich davon abgehalten haben, auch nur in Ansätzen murrend über Mühsal nachzudenken; mein Tag war gut. Ich war rundum zufrieden und glücklich. Ehrlich.

Freitag, 29. Oktober
Noch so ein Tag, der gut begann: Nach dem Frühstück im Hotel kaufte ich ein T-Shirt mit gelbem Pfeil für sieben Euro. Und weil dann ein Schauer kam, ging ich ins Kloster, das älteste Zisterzienserkloster Spaniens, eröffnet am 14. Februar 1142. Der junge Mönch im Büro gewährte mir Eintritt und erklärte mir alles. Er sagte, dass ich im Schlafsaal für die Pilger am Abend zuvor gerne noch ein Plätzchen bekommen hätte, denn es waren nur zwei Leute da. Es war gemütlich warm im Saal und die 20 Stockbetten sauber aufgeräumt. In der Kirche, ohne jeglichen Schmuck, in der das Gras aus den Fugen der Steine um die glaslosen Fenster wuchs, war ein 10 x 10 m großes Modell der Kathedrale von Santiago. So konnte ich mich mit den Dimensionen vertraut machen und die Heilige Pforte suchen.

Als ich gehen wollte, begann es wieder zu regnen. Das Ehepaar, das ich am Vorabend im Hotel angetroffen hatte, als der Mann beim Aufschließen sagte "We are almost closed", wofür ich ihm am liebsten eine Watsch'n gegeben hätte, traf ich im Kloster wieder. Diesmal sagte er, dass er mir in St. Irene ein Albergo empfehlen könne, das von einer sehr freundlichen Dame geführt würde. Und der Mönch erklärt mir sofort an detaillierten Karten den hunderte von Jahren alten klassischen Camino del Norte. Denn der jetzige, der bei Arzua auf den Camino Frances führe, sei trotz aller Werbung nicht der wahre, sondern sei aus politischen Gründen so gewollt. Der Weg des Mönchs führte weiter westlich von Arzua auf den Camino Frances, und das sei ja bei dem Wetter viel besser, weil kürzer.

Auf dem Weg, 2002, Mischtechnik

Also machte ich mich auf den einzig wahren Pilgerweg und hatte Glück, dass an allen Kreuzungen jemand war, der mir erklärte, wo es lang ging. Denn Schilder gab es wenige. Als gerade mal die Sonne schien, kam ich an einem kleinen blauen Haus vorbei, das eine Bar war und ein Tante Emma Laden und ein Lokal und der Treffpunkt vom Ort, weil Fernseher mit Schüssel am Haus. Die Oma hatte köstlichen Kaffee und eine große Sicherheitsnadel, weil an meiner Wind- und Regenjacke der Reißverschluss kaputt war. Die meiste Zeit lenkte ich mit einer Hand und hielt die Jacke mit der anderen Hand zu. Das war aber auf die Dauer zu anstrengend, und so kam ich in schlechtem, aber effizientem Spanisch bei dem Mütterlein zu meiner Sicherheitsnadel.

Die Straßen waren eng und schmal und menschenleer, nur Bauern mit Traktoren kreuzten den Weg. Als sich mal wieder ein Regenschauer dunkel drohend ankündigte, stand ich im Dorf Beis, vier oder fünf Häuser und eine Kirche. Eine Bauersfrau mit einem Kanister in der Hand blieb stehen und fragte, ob ich mich unterstellen wolle. Ich willigte freudigst ein, und sie führte mich und Rad in eine große Küche mit gemauertem Ofen und großem Tisch, die aber nicht mehr als Küche genutzt wurde, denn es war kalt darin. Der Bauer kam und bat mich, ins Haus zu kommen, und etwas zu essen und zu trinken. Da konnte ich dann nicht nein sagen. Sie stellten heiße Kastanien auf den Tisch und ein Glas frisches Quellwasser, das die Frau mit ihrem Kanister vom Brunnen geholt hatte. So verbrachte ich eine Stunde, bis der Regen nachließ und die Frau ihren Sohn von der Schule abholte und ihm sein Mittagessen vom Ofen auf den Tisch stellte. Es gab Fisch mit Kartof-

feln, aber der Junge hatte noch Hunger und bekam dann noch Chorizo mit frischem Bauernbrot, und für mich gab es auch ein Versucherle.

Wir unterhielten uns über Gott und die Welt, über Pilger und Fußball, Amerika und Bush. Und der Bauer sagte, dass der Mönch Recht habe mit dem alten Weg, der zwar an manchen Stellen für Radfahrer unpassierbar geworden sei, aber der neue Weg nach Arzua sei nur aus kirchenpolitischen und geschäftlichen Gründen so gefördert worden. Als ich das freundliche Ehepaar verließ, war ich guten Mutes, denn nach St. Irene waren es nur noch acht km, davon allerdings die Hälfte steil bergauf.

Kaum weg vom Bauernhof fing der Regen, wieder mit einer Heftigkeit an, dass ich zum x-ten Male meinen gelben Müllmantel anziehen musste. In St. Irene gab es kein privates Albergo, nur zwei Bars ohne Zimmer und ein Refugio mit 30 Plätzen, wovon gestern 27 belegt waren. Aber ich wäre heute der Erste und hätte gute Chancen, hier bleiben zu können, sagte mir ein Engländer. Generell haben in den Refugios Wanderer Priorität, erst wenn die alle untergebracht sind, kommen die Biker dran und dann evtl. die Wanderer, die sich mit dem Auto von Station zu Station fortbewegen. Was offenbar eine Plage geworden ist, wie uns ein Pilger aus Saarbrücken in Santiago nach der Messe klagte. Es komme immer öfter vor, dass echte Wanderer abgewiesen würden und weitersuchen müssten, weil Autowanderer sich immer mehr breit machten.

Unterschlupf, 1962, Wachsstifte

Ich und mein bici folgten weiter unserer Carretera, denn ab O Pino und Arca gab es genügend Albergos und Hotels. Ich fand eines direkt an der Straße, direkt auf dem Camino Frances, der trotz des scheußlichen Wetters und der Hundekälte bevölkert war wie eh und je im Herbst, aber Radler traf ich keine. Das Hotel hieß O Pino und die gelben Pfeile führten direkt durch den Garten und an der Vitrine vorbei, wo mein T-Shirt mit dem gelben Pfeil 13.60 EUR kostete, aber das Zimmer nur 27 EUR. Das war mir nach den 43 km egal und egal war mir auch das Wetter, nachdem ich meine nasse Wäsche im Doppelpack über die breite Heizung gelegt und auf den Bügeln am Fenster über der Heizung aufgehängt hatte. Ich wusste, dass auf mich ein warmes Essen und wieder eine Flasche Wein warten würden und dass ich morgen um elf Uhr aufbrechen wollte zur letzten Etappe nach Santiago.

Ich hatte auf dem Weg, der mein Ziel gewesen war, jegliches Gefühl für Zeit, Stress und Hektik verloren. Es war mir egal, in welcher Zeit ich welche Strecke zurücklegte. Nicht erst durch das Regencape, das den Tacho am Lenker verdeckte, sondern schon viel früher bin ich so gefahren wie ich konnte, habe mich an Landschaft und Natur satt gesehen, an meinen Gedanken erfreut und nicht alle paar Augenblicke auf den Tacho geschaut. Ich fuhr nach dem Gefühl, auf einem Weg, der mir die Sinne schärfte für Dinge, die ich früher achtlos ignoriert hatte, die mir jetzt die Augen öffneten für ein Ziel, das ich schon aus den Augen verloren zu haben schien.

Wenn am Ende dieses Weges, den ich zum ersten Mal machte, die Absolution der Sünden steht, war das für mich nicht mehr der alleinige Grund dieser Reise. Auch wenn die Kapriolen des Wetters die Beschwerlichkeiten des Weges noch verstärkten und ich in gewissem Sinne würde hoffen können, über ein größeres Guthaben zu verfügen, um für meine Sünden zu büßen, so war mir in den letzten Tagen klar geworden, dass allein das neue Gefühl für Glaube und Hoffnung und die Stärke und Größe dieses Erlebnisses mir mehr bedeuten würden als der Ablass, so er denn zum Ende anstehen sollte.

Samstag, 30. Oktober
Es ist unglaublich und trotzdem wahr: Von 10.45 bis 13.15 Uhr – von Rua bis vor das Pilgerbüro in Santiago – habe ich bei strömendem Regen auf diesen letzten 20 km beinahe eine Hundertschaft von Pilgern zu Fuß überholt. Alte, Junge, Familien mit Kindern, Paare, Alleinlaufende – und keiner hat ein mürrisches Gesicht gemacht oder sich über das Wetter beschwert, jeder hat freundlich zurückgegrüßt, mit einem buen viaje oder buen camino oder auch vaja con dios. Auch wenn es viele steile Berge gab und ich im Wald durch Schlamm schieben musste, ich bin den Originalweg gefahren, denn die Karte von bikeline, den Radprofis aus Österreich, führte doch zu oft zu weit weg vom echten Camino. Gerade weil ich bis dahin fast 500 km entlang der lauten # 634 allein geradelt war, wollte ich Ruhe haben und Menschen sehen, die zwar auch schwer beladen, aber keine Laster waren. Die bikeline-Leute könnten aber einen Radführer für den Camino de la Costa auflegen, denn da liegen noch zu wenig gelbe Pfeile auf der Straße, und seltenst da, wo man abbiegen muss.

Vor dem Ziel, 2004, Mischtechnik

Man möge es mir glauben oder nicht, auf diesen letzten 20 km in Regen und Kälte habe ich mich leicht gefühlt und glücklich und fast nichts mehr von dem schweren Gepäck gemerkt. Selbst an den steilen Anstiegen fühlte ich weitaus weniger Gewicht als am Anfang der Reise, manchmal gar, als sei fast nichts mehr vorhanden.

Am Monte do Gozo wollte ich den berühmten Blick auf die Stadt erhaschen, aber ich sah nur in den Nebel. Der Weg in die Stadt war voll von den gelben Pfeilen, und dennoch hatte ich mich verfahren, kam von der anderen Seite in die Innenstadt, sah vor lauter Häuser die Kathedrale nicht, musste zweimal nach dem Weg fragen – und plötzlich, wie wenn die Glocken gerufen hätten, füllten sich die engen Gässchen und Plätze mit Menschenmassen aus aller Welt, und darunter mehr und mehr mit Rucksäcken unter Regenmänteln und Schutzhüllen – und dann kam die Sonne heraus und ich fragte einen Menschen, der sein Museum schließen wollte über Mittag, wo denn das Pilgerbüro sei und er sagte mir "Welcome in Santiago, fühlen Sie sich zu Hause bei uns", und er beschrieb mir den Weg, und dann stand ich auf dem Platz mit einer Menschenschlange vor der Heiligen Pforte – ich war angekommen, am Ziel.

Nena war schon da, hatte im Pilgerbüro nach mir gefragt, dort trafen wir uns wieder, als ich in der Reihe der wartenden Pilger stand und auf eine freie Dame am PC wartete. Diese Dame betrachtete den Pilgerpass, sah, dass ich Journalist bin und gab mir bereitwillig Auskunft, trug mich ein in die Liste für die Messe am Sonntag, fütterte den PC mit meinen Daten und gab mir die Compostela, die Urkunde für meine Pilgerschaft, und den Pilgerpass mit dem letzten Stempel vom Oficina de la Peregrinacion zurück. Und Nena hielt sie voll Freude und Stolz, meine erste Compostela… und draußen auf dem Platz schien erstmals seit Tagen wieder die Sonne.

Sonntag, 31. Oktober

Bei den Protestanten feiern sie heute Reformationstag, und ich meinen Geburtstag, hier im Zentrum der Pilgerscharen aus aller Welt. Wir waren gestern noch in der Kirche, aber wir hatten nicht die Zeit, alles anzusehen und zu tun, was erforderlich ist, um die Pilgerfahrt abzuschließen. So haben wir nur zwei Kerzen angezündet, eine für Königin Mutter und eine für uns. Und uns entsprechend dem Rat der Dame vom Pilgerbüro heute schon gleich nach dem Frühstück an der Heiligen Pforte angestellt. Es waren fast keine Menschen da, und so konnten wir in aller Ruhe und Besinnung die Arme um den Heiligen Jakobus legen, in der Krypta Muße finden, am silbernen Schrein mit den Gebeinen zu verweilen und noch vor der Pilgermesse an der Mittelsäule der Portico de la Gloria die Hand in die seit Jahrhunderten entstandene glatte Ausprägung einer Hand aus Stein zu legen, sich zu verbeugen und ein Dankgebet zu sprechen. Und die Kerzen anzünden für alle meine Engel, Freunde und Menschen, mit denen ich dieses Erlebnis gerne geteilt hätte.

Wir fanden direkt neben dem Altar zwei Stehplätze, und als zwei Leute gingen, sogar noch zwei Sitzplätze eine halbe Stunde vor der Pilgermesse um zwölf Uhr,

Wallfahrt, 1962, Wachsstifte

und die Kathedrale platzte aus allen Nähten. Der Bischof, den ich im Fernsehen mit Kronprinz Felipe gesehen hatte, begrüßte die Pilger aus aller Welt in sechs Sprachen und als er mich und die Deutschen in unserer Muttersprache Willkommen hieß, da war auch ich ein Pilger geworden. Ein Österreicher, der am 1. Mai in Budapest gestartet und am Samstag nach 4.000 km zu Fuß mit mir angekommen war, sang das Lied von Simon & Garfunkel "Sound of Silence". In der Kathedrale war es ganz still und jeder dachte wohl nochmals daran, was ihn bewegt hatte, hierher zu pilgern.

Welche Faszination des Glaubens und der Hoffnung von hier ausgeht, trotz aller Kommerzialisierung, die dazu gehört wie das Weihwasser oder der Weihrauch in der Kirche, der mit dem aus Silber und Messing bestehenden 50 kg schweren Kessel Botafumeiro an Seilen durch das Schiff geschleudert wird, 70 m hoch von Decke zu Decke, knapp zehn Zentimeter über die Holzschranken hinweg, die die kirchlichen Würdenträger von den Gläubigen trennen. Und wenn ein Mönch den Kessel fängt und zweimal herumgeschleudert wird von der Wucht, bevor der Kessel zum Stillstand kommt und wieder an den Seilen hinaufgezogen wird zu seinem Platz über dem Altar, dann klatscht die Gläubigenschar enthusiastisch Beifall. Das gehört auch dazu wie das Abendmahl oder die Beichte, zu der sie in langen Schlangen anstehen.

Als wir die letzten Kerzen angezündet hatten und in den Andachtsraum gingen zum Beten, kehrte Stille ein hinter der verschlossenen Tür, und Ruhe breitete sich aus. Den Geräuschpegel in der Kathedrale ignorierte ich einfach. Dann zog es mich nach draußen, in die Sonne, auf den Platz vor der Heiligen Pforte, vor der die Menschen wieder in langen Schlangen warteten.

Und dann feierten wir Geburtstag. Auf ganz neue Art. Mit dem Dank, dass ich es geschafft hatte. Und der Gewissheit, dass ich es noch einmal schaffen möchte.

Später beim Verpacken des Fahrrades fehlte die Pumpe, die Grund für die Taxifahrt zu Beginn der Reise war. Ich hatte sie wohl im Kofferraum des Taxis vergessen. Aber gebraucht hatte ich sie auf der ganzen 670 km langen Pilgerfahrt ohnehin nicht mehr.

Angekommen, 1990, Tusche

Aufgenommen, 2002, Mischtechnik

Die Spanierin

Es hätte ihn beängstigen müssen, dass er zwar langsam, aber irgendwie erdrückend von allen Seiten eingeschlossen wird, dass sie ihn drängen, sich zu entscheiden. Nicht durch Worte oder eine klare Ansprache, einfach durch Tatsachen.

Die Spanierin scheint sich ihren Platz bei seinen Freunden gesichert zu haben. Wenn sie mal nicht dabei ist, fragen sie nach ihr. Neulich schwärmte sogar Frau Präsidentin von ihr. "Ein nettes Mädchen hast Du da, sehr nett."

Sogar die Katzen, ihre Katzen, mischen sich jetzt ein. Auf samtenen Pfoten. Als er von seinem vierwöchigen Segeltörn zurückgekommen war und endlich wieder Tagesschau sehen konnte, streckte sich die Kleine genüsslich auf seinen Beinen lang. Zwei Tage hintereinander. Das hatte sie das ganze Jahr, das sie jetzt zusammen sind, nicht gemacht. "Sie liebt Dich auch", hat die Spanierin gesagt.

Nur ihm kommt dieses Wort nicht über die Lippen. Es könnt' ja noch was passieren.

Die Verwandtschaft zündelt jetzt schon ziemlich störend in seinem Leben herum. Die Spanierin hat in deren Herzen einen sehr großen Vorsprung, seitdem sie ihm am Krankenbett seiner Mutter gezeigt hat, zu was Liebe fähig ist, zu welchen Opfern ein Mensch bereit sein kann. Für sie war es die natürlichste Sache der Welt, der alten, kranken Mutter, diesem bedauerns-

werten kleinen Stückchen Haut und Knochen, das sie zum Schluss nur noch war, zu helfen und Trost zu spenden Tag und Nacht.

Und er, der sich erst langsam an diese Aufgabe herangewagt hatte, sie dann aber angenommen hat, konsequent und mit viel Verantwortung, war sauer auf sich, dass die Spanierin es war, die bei seiner Mutter stand, als diese aufhörte zu atmen. Er ist womöglich einen Schritt zu spät gekommen, klären wird sich das nicht mehr lassen. Aber betroffen hat es ihn gemacht, ja sogar zornig. Vielleicht ist es gut, dass er darüber nie mit ihr gesprochen hat. Vielleicht auch nicht.

Er lässt seiner Mutter jetzt ein Denkmal setzen, keinen Grabstein. Er kennt einen Künstler, einen Steinmetz, der hat es entworfen. Die Spanierin hat den Stein dazu ausgesucht. Weißen Marmor. Womöglich wird sie ihn dort auch besuchen müssen. Irgendwann. Aber das kann jederzeit sein. Er will ihr nur nicht zur Last fallen. Nie.

Vielleicht hat er deshalb immer noch Bammel, ihr endlich zu sagen, dass er sich jetzt vorstellen könne, bei ihr zu bleiben. Sie wartet nur auf dieses Wort. Eigentlich eine Selbstverständlichkeit. Wenn man schon so lange zusammen ist.

Er zögert, weil er sich durch ihre Fürsorge für seine Mutter verpflichtet fühlt, das wieder gut zu machen. Und weil er immer noch den Eindruck vorschiebt, in diese Beziehung irgendwie hineingestolpert zu sein.

Die Spanierin

Er unterschreibt jede Postkarte und jede email mit "Love", aber so richtig gesagt hat er das noch nicht. Sie muss ihm jedes Wort aus der Nase ziehen. Und das mit dem Schreiben in der Einsamkeit und seinem Refugium ist nur eine faule Ausrede. Weil er "Ophelia lernt schwimmen" gelesen hat und jetzt als Alibi nimmt. "Ich bin ständig auf der Suche. Ich brauche neue und starke Emotionen. Ohne Liebe kann ich nicht arbeiten. Ein Künstler braucht seine Freiheit."

Ein Künstler. Er? Er ein Künstler? Beim Kunstsommer im Kloster Irsee haben sie ihn verrissen mit seinen gestelzten Gedichten ohne Inhalt. Eigner hat ihm vor allen anderen ganz schön den Spiegel vorgehalten bei seinen Plattitüden der Liebe, bei seinen erotischen Kastanien, die ja gar nicht von der Sonne verwöhnt werden. Dabei hatte er eine ganz andere Haut im Sinn, vor Augen, im Gespür. Ja, im Gespür; die letzte Nacht vor der Fahrt, die Schwüle, das Gewitter, die frische Luft, die von der Alb herunter durch die Gassen blies. Und das sanfte Einschlafen danach.

Am Morgen ist er putzmunter aufgewacht und beim Packen hat sich die Kleine auf seine Schuhe gelegt, als wollte sie ihn nicht gehen lassen. Die Spanierin hat gelächelt, als er ihr das zeigte.

Die Spanierin, ein schöner Name. Mit dem wurde sie geadelt von jemand, der sie sehr mag. Wie ich eigentlich auch. Aber vorne steht, das sei eine andere Geschichte.

Ist sie nicht. Nicht mehr. Dies ist jetzt ihre Geschichte. Ich mache sie einfach dazu.

Ich und Du, Mischtechnik

Ulrich Blankenhorn

"bla" kommt vom Sport und kommt vom Schreiben. Als Journalist lernte er sein Handwerk von der Pike auf in Sindelfingen und Stuttgart und bei der Tennis-Revue. Als Chef der Sportredaktion des dpa-Büros in Stuttgart wechselte er in den 80er Jahren den Schreibtisch und baute unter Führung von Matthias Kleinert den Sport-Presse und PR-Bereich bei Daimler-Benz auf. Unzählige Welt- und Europameisterschaften, die Daimler-Olympiaclubs in Seoul und Barcelona und die Präsenz im Margaret-Mitchell-Haus bei den Spielen 1996 in Atlanta waren die highlights seiner Karriere "beim Daimler".

Bis August 2001 war der Vorruheständler im Süden der USA "Vom Winde verweht", der Sporthilfe-Kunstkalender 2002 machte dann seine Präsenz in Deutschland erforderlich. Nach den Terroranschlägen vom 11.9. folgte er dem Ruf von DaimlerChrysler zum Projektmanager von "The Bridge New York – Berlin", einem von der Bundesregierung und der deutschen Wirtschaft getragenen Besuchsprogramm von 1000 New Yorker Schülern in Deutschland.

Dem Schreiben blieb bla treu; jenes abseits von PR-Berichten und Agenturfacts wurde ihm einst vom großen Vorbild "bli" (Hans Blickensdörfer) bei der Stuttgarter Zeitung ans Herz gelegt; in Sindelfingen konnte sich bla dazu in Kolumnen, Kurzgeschichten und erster Lyrik nach Herzenslust austoben.

Dies führte mit lokalen Malern zu drei Ausstellungen in Backnang, Stuttgart und Sindelfingen, zu denen drei Gedichtbändchen entstanden sind. 2003 erschien aus der Passion-Serie das erste Buch "Die Kunst der Zärtlichkeit" mit je 52 poems und Bildern von Malern aus Stuttgart und Südtirol. 2004 folgte das zweite Passion-Buch "Im Zauberland" mit Bildern des Stuttgarter Künstlers Ulrich Zeh.

Während der Fertigstellung von Passion Drei – "Zufälle" – mit über 80 Skizzen und Zeichnungen von Lude Döring nahm "bla" am Meisterkurs Literatur beim Schwäbischen Kunstsommer im Kloster Irsee mit dem Schriftsteller Gerd-Peter Eigner teil.

Lude Döring

In der Dresdner Altstadt unter schrägen Dächern geboren, als die Weihnachtsgans, ungerupft, gerade eben gestorben war. Mittlerer Sohn des Kutschers Otto Döring, am 21. Dezember 1925. Nach sechs Geburtstagen war die Familie vollzählig. Da beginnen meine Erinnerungen. Jeden Abend erzählte ich meinen Brüdern Geschichten. Erst traurige, dann schöne und danach haarsträubende. Diese Übungen ermöglichten mir bald, ein Eigenleben zu führen, das immer neben mir einherging. Was ich gerne tat, war gehorchen. Bedingungsloses, reines Gehorchen. Dienen. In früheren Zeiten wäre ich sicher der größte Diener geworden.

Was unsere Familie auszeichnete, war eine Gesundheit, die sich nicht weit von der Natur entfernte. Ich empfand ein Behagen dabei, spürte aber, dass es noch eine andere Gesundheit gab. Ganz anderer Dimensionen, die auch gebieterisch nach Nahrung verlangten und die in mir hausen wollten. Diese beiden Gesundheiten schafften eigentümliche Situationen.

Mit sechzehneinhalb begann etwas ganz Neues. Die reine Männerwirtschaft. Zweieinhalb Jahre war ich Soldat, und das Ende des Krieges war der Tag der Tage. Was tun? Ich war Postamtsvorsteher im Erzgebirge – war Holzfäller, Titanweißhersteller, Hilfsschreiner. Und plötzlich wollte ich Maler werden. Ich studierte sechs Semester an der freien Akademie Merz in Stuttgart und vier Semester Philosophie bei Max Bense in Stuttgart.

Ich zeichnete viele Vormittage im Ballettsaal des Staatstheaters, ich malte, illustrierte, typographierte und verdiente Geld. 1963 zog ich mit Frau und Kind in mein Bauernhaus auf der Alb. 1968 dann die erste Ausstellung. Weitere folgten. 1978 Umzug nach Häfnerhaslach. Ich radelte an die umliegenden Badeseen, Liegende und Liebende zu zeichnen, und in den öffentlichen Bädern Turm- und Hechtspringer.

Malen ist Auftauchen an einem anderen Ort. Meine Augen sehen immerzu, und ab und zu sind sie verzaubert. Die Verzauberung geschieht an den gleichen Dingen, die ich immerfort sehe. Von diesem besonderen Sein der Dinge soll etwas in meinen Bildern sein.

Meine Linien tanzen. Meine Füße auch. Sie tanzen. Wer einmal umtanzt war, ist mir unvergessen.

Bilder in diesem Buch

Dankeschön

Dankeschön an alle, die mich
bei der Verwirklichung dieser Idee unterstützt haben.

Danke an
Beate Dobbratz für die Streitgespräche;
Dorothee Mugler, die sich
als Lektorin verdient gemacht hat;
Elena Brier und Hans Negenborn
für ihre unendliche Geduld mit mir und diesem Buch,
dessen Qualität hauptsächlich ihrer Akribie
zu verdanken ist, ebenso wie dem Engagement
von Eberhard Rapp von cantz;
an Sylvia Hirsch und Eckhard Strauß
für die erneute großartige Unterstützung;
Maria Harder und Matthias Kleinert
für ihr Engagement sowie Rudolf Bayer
für seinen Beitrag zu einem
persönlichen Lude-Bild.

Und nicht zuletzt Mungo, Michaela
und Lude Döring für eine kritische, offene und
vertrauensvolle Zusammenarbeit.

Uli Blankenhorn

Bereits erschienen

Zusammen mit den Bildern von Isabell Kull, Ulla Schwaiger, Sigrid Troyer und Peter Hiegelsperger sind 52 poetische, romantische und auch frivolfreche Wort-Bilder entstanden, die das Buch zum idealen Geschenk für Verliebte macht.

ISBN 3-89393-292-5
EUR 14.80

Zusammen mit dem Stuttgarter Künstler Ulrich Zeh hat Ulrich Blankenhorn in weiteren 55 Gedichten voller Gefühle und Bildern in den schönsten Farben die Liebe eingefangen.

ISBN 3-89393-294-1
EUR 19.80

Die Bücher sind zu besichtigen bei
www.camp-inc.com
e-mail: Ulrich.Blankenhorn@camp-inc.de

Bezug der Bücher direkt bei
camp verlag art & poetry
Reyherstraße 10, 73760 Ostfildern
Telefon 0711 / 16 70 921
Fax 0711 / 16 70 920